ずっと「安月給《やすげっ》《きゅう》」の人の思考法

いつまでも薄給の「あの人」みたいにならない思考のヒント

木暮太一

アスコム

序章

会社が「社員食堂をタダ」にする本当の理由

以前、中学校の同窓会に出席したとき、自分たちの会社の話になりました。そこで友人の一人が、

「うちの会社は、給料は安いけど、社食が激安だから助かる」

と言っていました。

これを聞いたとき、何とも言えない気持ちになりました。彼は完全に「給料」を誤解していたからです。

「給料が安い分、会社は社食を激安にしてくれている」のではありません。

「社食を激安にすることで、会社は社員の給料を安く抑えることができる」のです。

彼の考え方は順番が逆です。

そんなはずはない！ と言いたくなるでしょう。

でも、これは僕の単なる思いつきではありません。『資本論』という経済学古典で指摘されている内容です。そして、あなたの給料明細にも、これが真実である証拠が記載されています。

くわしくは後述しますが、これが給料の真実なのです。

あなたの年収は15年後に60万円下がる!?

「あなたの給料は、これから15年、ずっと下がり続けます」

そう言われたら、どう思いますか？ ただでさえ生活がギリギリなのに、これ以上収入が減ったら生きていかれない！ そう感じる人もいるでしょう。しかも、15年間も下がり続けるということは、**15年後の自分のほうが、いまよりも少ない収入でやりくりしなければいけない**ということになります。

日本人の平均年収の推移

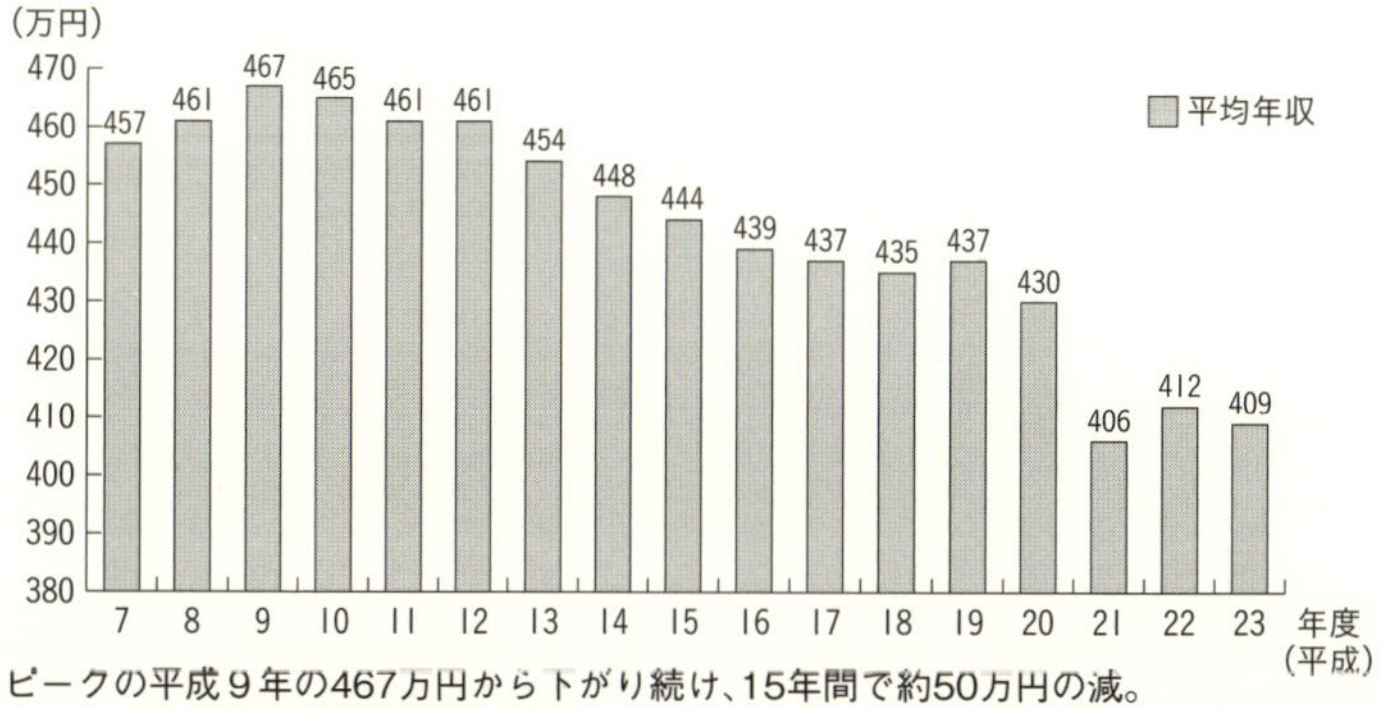

ピークの平成９年の467万円から下がり続け、15年間で約50万円の減。
出典:『平成23年民間給与実態調査』(国税庁)

「もし、そんなことが起きたら、とても大変だよね」

残念ながら「もし、そんなことが起きたら」ではありません。これは過去15年間に起きた現実なのです。

上のグラフを見てください。

これは日本のサラリーマンの平均年収の推移を表しています。ピークだった平成9年の４６７万円から下がり続け、15年で約60万円減りました。月収に換算すると5万円減です。

ご自身の給料を想像してみてください。いまの給料から5万円減るのです。しかも、

平成８年と平成23年の「世帯所得」の比較

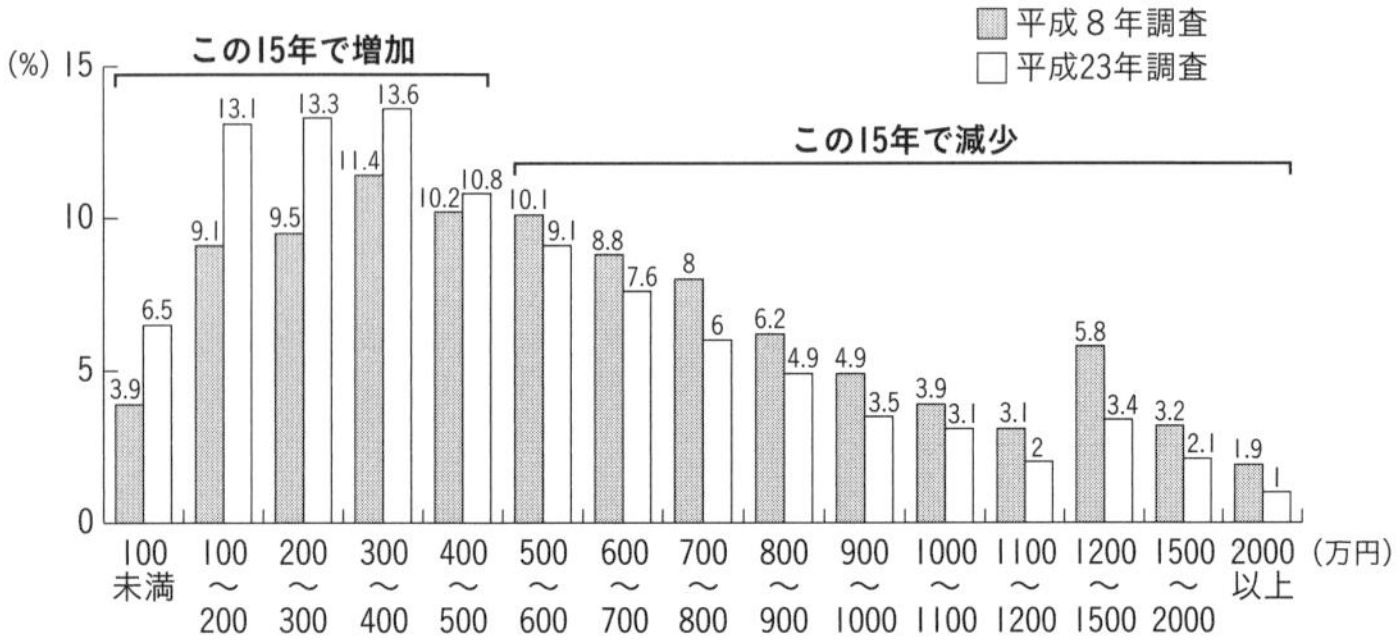

世帯別に見ても、この15年間で所得が減っていることがわかる。
出典:『民間給与実態調査』(国税庁)

15歳も年齢が増えています。25歳の人は40歳に、35歳の人は50歳になっています。

各所得ゾーン別に見ると、全体的に所得が減っていることがわかります。一部の人の年収が下がった結果、平均が下がったわけではなく、**全体的に減っている**のです。

「アベノミクス」で給料は上がるの？

なぜこんなことになってしまったのでしょうか？

この15年間、日本のサラリーマンが仕事をさぼってきたから？

そうではありません。この間も変わらず

日本のビジネスパーソンは、がんばってきました。

では、この15年間、ずっと不景気だから？　景気がよくなれば給料は上がる？

残念ながら、これも違います。たしかに、給料が下がってきたのは「不景気だったから」でもあります。しかし、**「景気がよくなれば、再び給料が上がる」と期待するのは楽観的すぎます。**

給料はなぜ下がってきたのか？　これから自分の給料はどうなっていくのか？　を知るためには、そもそも給料がどんな理屈で決まっているのかまで遡って考えなければなりません。一体、給料はどのように決まるのか？　その真実をお伝えしましょう。

できる人とダメな人の給料の差はわずか3万円

「これだけ成果を上げたんだから、もっと給料を上げるべきだ！」

そう憤る人は多いですし、その気持ちもわかります。しかし率直に申し上げて、**「成果を出したから給料を上げてほしい」という要求は、筋違いです。**

なぜか？　給料はそういうルールで決まっているわけではないからです。


「がんばっても報われない時代」と揶揄《やゆ》されることがあります。それは、「がんばっても、正当に評価されない」という意味で語られていることがほとんどです。

「うちの会社は、ブラック企業なんだよ」

「結局、資本主義では人間は幸せになれないんだよ」

愚痴まじりにそう言われます。


ただ、僕がこの本で伝えたいのは、そういうことではありません。

世の中には、たしかに「ブラック企業」と呼ばれる企業があります。また、資本主義の中で、人間らしい生活ができなくなっている人がいることも事実で、それは許されることではないと思います。

ですが、それと「がんばったら給料を上げるべき」ということは、まったく別問題です。
「がんばって成果を上げれば給料が上がる」というのは幻想です。「成果を上げても、どうせ無駄……」ということを言いたいのではなく、**「成果を上げる＝給料が上がる」という仕組みではない**ことを知ってほしいのです。

現実に日本企業では、給料の金額を決める要素の中で、**「個々の従業員が出した成果」はわずか4・1％しかありません**（くわしくはP80参照）。単純計算で、社内で最も成果を上げている人が「＋4・1％」、最も成果を上げていない人が「－4・1％」と考えると、一番できる人と一番できない人とでは、8・2％しか給料が変わらないことになります。

仮にその会社の平均月収を40万円とするならば、一番できる人が41万6400円、一番できない人が38万3600円です。差額はわずか3万2800円。この金額、感覚的にも合っているのではないでしょうか？

これが給料のルールなのです。

ルールを知らずに闘っても、負けるだけ……

自分の給料がなぜその金額なのか、論理的に話せる人はほとんどいません。「給料が安い！」と嘆く人はいますが、**ではいくらが妥当な金額なのか**、自信を持って語れる人はいません。

考えてみると、僕たちは給料がどのようなルールで決まるのかを聞いていません。学校ではもちろん、会社に入ってからも教えてもらっていません。上司や先輩たちから話を聞いてわかった気になることもありますが、実際は「何となく」でしかわかっていません。

そしてその何となくの知識に基づいて、自分の給料を増やそうとしているのです。

何となくの知識では、スポーツもできません。
何となくの知識でダイエットをしても、おそらく成功しません。
何となくの知識で株式投資をしたら、絶対に損をします。

望む結果を得たいのであれば、その場のルールを知ったうえで闘わなければいけません。ルールを知らずに臨んでも、勝つ可能性はほとんどないでしょう。

いまの時代、一生懸命がんばらなければ生き残れません。

しかし、一生懸命がんばっても、ルールを知らなければ、勝つことはできません。

いつの間にか負けてしまうのです。

「何でがんばっているのに、成果を出しているのに、給料が上がらないんだ！」

もしあなたがそう感じているのなら、何よりも先に、本書に書いてある「給料のルール」を知るべきです。

それが「安月給の思考」から抜け出す第一歩となります。

なぜか低い残業代のカラクリ

「細かいことを知らなくても、長時間働けばそれだけ給料が増える。残業すればいい」それも事実かもしれません。たしかに、給料を増やすために一番手っ取り早いのが「残業をすること」です（もっとも、「残業代をつけられれば」の話ですが）。

ただ、残業代についても、多くの人は「何となくの知識」しかありません。そのため、知らず知らずのうちに「負け」ています。いや、自分は負けていない！　という方は、ためしに次の質問に答えてみてください。

あなたと大学時代の友人Aさんは、別々の会社に勤めています。残業をしなかったときの額面は同じです。今月、あなたとAさんは同じように50時間、残業をしました。そしてそのまま50時間の残業を申告しました。

しかし、月末の振込金額を見ると、

Aさんは　40万6534円
あなたは、35万3257円

でした。なぜ、こんなに金額が違うのでしょうか？


「ちゃんと50時間つけたのに、反映されていない！」

そうではありません。あなたの残業代も、Aさんの残業代も正しく計算されていま す。「ルール」に基づいて正しく計算された結果、5万円以上の差が発生しているの です。

なぜ、このようなことが起こるのか、わかりますか？

このカラクリは、残業代の計算方法にあります。

残業代については、多くの場合「何時間までつけられるか」しか話題に上がりませ ん。「うちの会社は40時間まで」「いいなぁ、うちなんか10時間までだよ」。大学の同 期で飲むとこのような会話が毎回のようにされています。

つまり、「残業代を何時間までつけられるか=残業代をいくらもらえるか」と考えている、ということです。

しかし、残業代はそれだけで決まるのではありません。**つけられる残業時間数×時給**で金額が決まります。

言われてみれば、この掛け算は「当然」です。しかし、その当然の掛け算の重要な一部である「時給（残業単価）」はほとんど話題にされません。

この、話題にされない数字にこそ、落とし穴があるのです。

残業代の時給は、通常の時給より高いということはよく知られていますね。具体的には、時給が25％割り増しになります。日中の時給が1000円の人は、1250円の残業代を受け取れます。さらに「深夜残業」になると、日中の時給に比べて50％増しになり、時給が1500円になります。

ここまでは、認識している人も多いでしょう。

しかし、そもそも**残業代がどの金額を基準に割り増し計算されているか**、を知っていますか？

残業代は、あなたの労働単価を基準にして計算されます。そしてその労働単価を決めるのは、**「基本給」**です。各種手当がいくら高くても、あなたの労働単価は上がりません。つまり、**支給される額面が同じ、手取り金額が同じでも、基本給が異なれば残業の時給が変わるのです。**

「○○時間外手当」にだまされないで

世の中には、基本給が低くても、いろいろな手当がついている会社があります。住宅手当、家族手当、中には子女教育手当というような古めかしい表現の手当もあります。

多くの企業は「うちは給料は高くないけれど、その分手当を厚くして労働者を守っている。従業員にとっても手取りの金額は同じだから問題ない」と主張しているかもしれません。

労働者から見ても、手当は「もらえるに越したことはない」ですし、トータルで金額が同じであれば、それが「基本給」だろうと「手当」だろうと同じと考える人がほとんどでしょう。

しかし、「同じ」ではありません。

このような「労働者の個別の事情に応じて金額が変わる手当」は残業代を計算する際に省いて考えられます。同じお金でも、それが「手当」であれば、残業代の単価は低くなってしまうのです。

Aさんとあなたで同じだけ残業をしたのに、残業代が違っていたのはこういうことだったのです。

さらに要注意の単語があります。それは**「役職時間外手当」や「職能時間外手当」など「〇〇時間外手当」**という記載です。

これは要するに、残業代を「手当」として先払いしているのです。たとえば、月間40時間分の残業代を先に支払います、というイメージですね。「先払いしてくれているなんて、とてもいい会社だ！」なんて思ってはいけません。会社側の真意はともかく、残業代がすでに支払われているので、その40時間分の残業は織り込み済みです。つまり、本当の給料はもっと安かったのです。

「役職手当」は役職に就いたために支給される手当ですが、「役職時間外手当」は役職に就いている人の残業代を前払いで支払っていることになります。そして、前払いしているので、当然その分の残業代は追加ではもらえません。

このように**手当として残業代が先払いされていると、見せかけの「額面」が増えます。しかし当然ながら実際に残業したときの給料は少なくなります。**

仮に残業をしなければ、「得」をすることになりますが、おそらくそういうことはないでしょう。前払いの残業代を「手当」として支給されていないか、会社からゴマかされていないか、給料明細を見ればわかります。

「年俸制＝残業代なし」は大ウソ

たとえば「月40時間分の残業代をあらかじめ支払う」という「定額残業制（みなし残業制と呼ばれることもあります）」を取り入れている会社も増えています。この定額残業制では、残業をする・しないにかかわらず一定の残業代を支払うため、いくら残業しても残業代は「定額」で、それ以上もらえないと考えている人がいます。

特に年俸制を採用している企業では、「残業代が支払われない」のが暗黙の了解になっていることも多々あります。しかし、それは誤解で、**想定以上の残業をした場合は、追加で支払われなければいけません**。支払わないのは、違法なのです。

そもそも「年俸制」とは、所定労働時間分の給料を年換算で計っているだけです。「年俸制で1年分の給料を事前に取り決めたから、残業代はいらない」ということではありません。プロ野球選手の報酬とは意味合いがまったく違うのです。

「いままで、残業代をもらっていなかった！」

そういう方も多いでしょう。もちろん、支払われるべきお金は支払ってもらいたいですが、それ以前にあなたがそういう事態になってしまった原因を考えてください。

それは、あなたに「何となくの知識」しかなかったからです。

残業代に限らず、給料にはルールがあり、そのルールに基づいて支払われています。ルールを知らずに「何となくの知識」で生きることがどれだけ怖いことか、改めて認識するべきです。

安月給の思考パターンに陥るな！

冒頭でお見せしたグラフのように、放っておくと、あなたの給料はどんどん下がっていきます。ルールを知ろうとせず、「がんばれば何とかなる！」と考えるのは、まさに「安月給の人」です。

「会社の業績が回復したら、従業員も報われるはず」。これも、希望的観測にすぎません。

本書では、給料のルールを解き明かし、何が問題なのか、放っておいたらどうなってしまうのか、を解説していきます。

そしてそのうえで、**どうすればこの社会で収入を増やすことができるか、生き残ることができるか**、その方法をお伝えします。

「何となくの知識」では、うまくいくはずがありません。これまでだれも教えてくれなかった給料の真実をお伝えしましょう。

目次

序章

第1章

なぜ、成果を出しても給料は上がらないのか

第2章 給料の「高い会社」と「低い会社」に分かれるワケ

第3章

なぜかお金が増えない「安月給」の人の思考法

第4章

給料を上げるための13の質問

最後に伝えたいこと

第1章

なぜ、成果を出しても給料は上がらないのか

「給料はこうやって決まる!」のウソ・ホント

以前、ファイナンシャルプランナーの方が書かれた本を読みました。そこには**「給料は、自分が稼いだ付加価値の１／３くらいが妥当」**と書いてありました。「自分が稼いだ付加価値」とは、自分が働いて稼いだ粗利益（売上－原価）のことです。この１／３が自分の給料として妥当な金額ということでした。

どうも納得がいきません。どういう理屈なのか先を読みましたが、その根拠は書いてありませんでした。

考えてみると、「自分が稼いだ付加価値（粗利益）」がいくらなのか、なんてわかるわけがありません。会社にはいろいろな仕事があり、いろいろな人が様々な形で仕事に関係しています。たとえ自分が営業担当で、お客さんに１００万円の商品を売ってきたとしても、それは自分だけの功績ではありません。

上司が戦略を立てたから、自分はそのクライアントに営業に出かけることができる

のです。

経理が伝票の処理をしてくれるから、営業活動に専念できるのです。

法務がリスクを回避してくれているから、仕事ができるのです。

では伺います。あなたが100万円の商品を売ったら、あなたはいくらの粗利益を稼いだことになるのでしょうか？

わかるはずがありませんね。

さきほどの「付加価値の1／3」とは、経営上、その会社の粗利益の1／3程度に人件費が収まっていることが好ましい、という考えからきているかもしれません（人件費の望ましい水準が粗利益の1／3程度かどうかは、議論の余地が残りますが）。

ただ、そうなると、粗利益が少なければ人件費も少ないのが妥当、となりますよね。

もちろん、経営者からすれば「妥当」でしょうが、従業員視点で通じる話ではありません。利益が出ていなければ給料を払わなくてもいい、ということになってしまうのですから。

この他にも、「このように給料が決まっているのでは？」という仮説がいくつかあります。自分たちが決めているにもかかわらず、「仮説」というのも変な話ですが、ひとまずその「仮説」を検証してみます。

主に語られている仮説は、「労働力の需要・供給バランス説」「ロイヤリティ説」「技能習熟説」の３つです。

どのような内容か、具体的に見ていきます。

【仮説１】

「景気がよくなれば上がり、悪くなれば下がる」という説（「労働力の需要・供給バランス説」）

労働者の給料は、労働者に対する需要と供給の関係で決まっている、と考える説です。**一般的な需要・供給の法則の考え方を給料にも当てはめている**わけですね。

たとえば、景気がよくなり、企業がもっと人員を増やしたいと考え、募集を増やしていけば、労働者への需要が大きくなります。これに対して、労働力の供給量（労働者の数）が変わらなければ、需要・供給の法則から、値段が上がっていきます。つまり、給料が上がっていく、というわけです。

反対に、不景気で、企業が労働者の募集をしなければ、労働力への需要が下がります。そのため、需要・供給の法則に照らし合わせると、価格が下がる（給料が下がる）、というわけです。

【仮説２】
「若手社員から〝カネ質〟を取る」という説（「ロイヤリティ説」）

これは年功序列型の右肩上がり給料を説明する仮説です。

なぜ、若手社員よりも年配社員のほうが給料が高いのか？　同じような仕事をしていて、会社に対する貢献度は同程度だったとしても、若手社員のほうが給料が安いのはなぜか？　それは、**若手社員が会社に「貯金」し、年次が上がってからその貯金を引き出しているようなものだ**。こう考えるのがこの仮説です。

会社は人材を育成するのに膨大なコストがかかります。そのため、せっかく育てた人材がぽんぽん他社に転職してしまっては、単なる育成ボランティアになってしまうのです。それを避けるために、人質ならぬ「カネ質」を取ります。若手社員は、途中で転職してしまうと、それまで預けた「貯金」を受け取れないことになりますので、「カネ質」を取り戻すために、長く働くようになる、ということです。

【仮説3】
「年をとるほどスキルが上がるから、給料も上がる」という説（「技能習熟説」）

これも日本企業の給料が年功序列で、右肩上がりであることを説明している説です。**年次が上がるにつれて、給料が上がるのは、その労働者の技能（スキル・能力）が上がるからだ**、という説です。

次のページのグラフを見てください。

正社員（全体）の給料構造を見ると、50歳台前半まで上昇しています。

この中で、継続勤務者（転職をしていない人）に限って賃金カーブを見ると、給料の上がり方が、より急になっていることがわかります。逆に転職者の給料の上昇率は全体に比べて小さいですね。このことから、給料は一般的に、**「労働者の勤続年数の長さに応じて高まる」**、つまり**「同一企業に長く働いている人のほうが給料が上がる」**ということがわかります。

ここから給料の決まり方に対するある考え方が読みとれます。それは、「日本の企業では、勤続年数が長くなればなるほど、その会社での仕事スキルが上がるから、給

正規雇用者の賃金構造

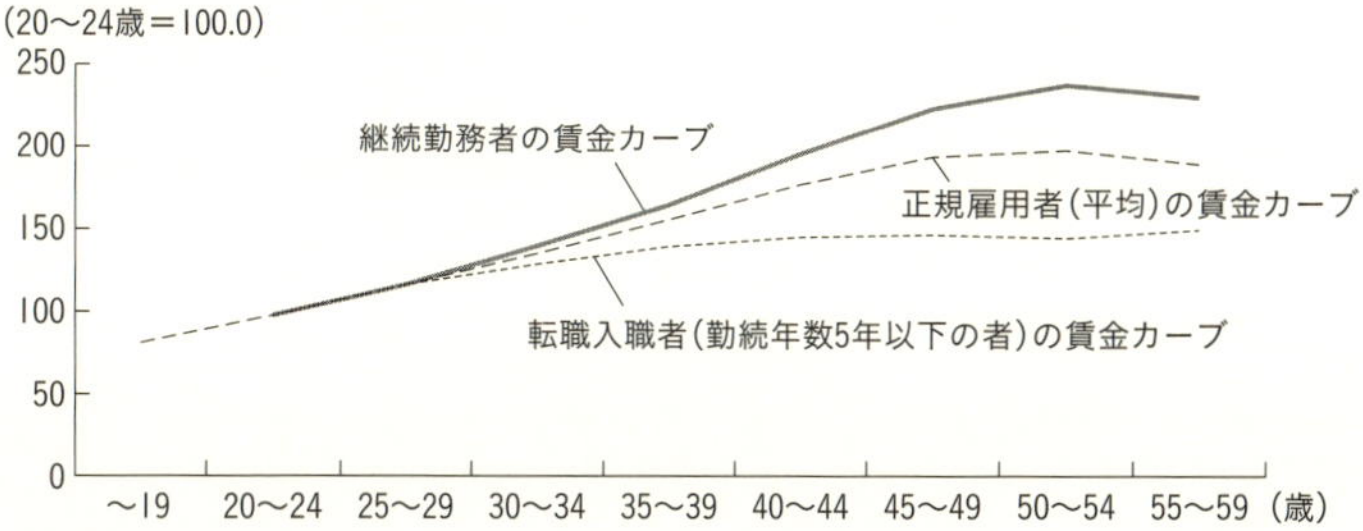

正社員の給料は50歳台前半まで上昇。特に継続勤務者(転職をしていない人)は、給料の上がり方がより急になっている。

出典:『平成22年 賃金構造基本統計調査』(厚生労働省)

料が上がる」というものです。

長く働けばそれだけ、その会社の業務に慣れて、その会社の業務をこなすスキルが上がります。他の会社から転職してきた人は、社会人としての経験は同じでも、その会社の仕事には慣れておらず、その会社の仕事をするための技能が習熟していません。だから、勤続年数によっても給料が変わるということです。

ここまで紹介したように、給料の決まり方や、なぜ年功序列的に右肩上がりになっているのかを説明する仮説がいくつかあります。**しかし、どれもイマイチです。**というのは、給料の決まり方について、部分的にしか解説していないからです。

「労働力の需要・供給バランス説」は、世の中の商品の値段がどう決まっているか、に照らし合わせて考えていますが、これでは**同じ仕事をしているのに年齢によって給料が違うことを説明できません**。また、たとえば大学新卒で考えると、景気がよく、企業の人材需要が高いときも、逆にそうでないときも、初任給の金額はほとんど変化しません。それはどう説明するのでしょうか。

たしかに、景気がよくなれば、アルバイトの時給や単発の仕事の報酬は上がる傾向があります。しかし、日本の企業では、好景気だからといって、通常の1・5倍の月給で正社員を雇うことはまずありません。感覚的には、需要・供給の法則が成り立ちそうで、たしかにそのように決まっている部分もあります。しかし、メインの決まり方ではありません。

2番目の「ロイヤリティ説」については、納得はできます。企業側の意図で考えれば、せっかく育てた人材が「逃げない」ようにする、有効な手段のひとつでしょう。

ただ、これだけで給料の決まり方を説明することはできません。「若手からカネ質を取って、年次が上がったときに返す」という考え方は、あくまでも、若手よりベテランのほうが給料が高い、ということしか説明していません。

なぜ４大卒の給料が20万５０００円なのか、なぜ30歳で〇〇万円なのか、という給料の絶対額については、何も伝えていないのです。これでは、給料の決まり方を説明しているとは言えません。

最後の「技能習熟説」も同様です。たしかに、「年次が上がれば、仕事ができるようになる」は一般的には当てはまります。普通に仕事をしていれば、経験から学ぶことがあり、そのため仕事をする「技能」が高まります。

しかし、これも新入社員よりベテランのほうが、一般的に仕事をこなすスキルが高いということを言っているだけで、**それぞれの年代で、社員の給料がなぜその金額なのか、はわかりません。**

このように、世間で語られている給料の決まり方は、給料を本質的に表していません。給料を決める論理は別に存在しているのです。

繰り返しになりますが、給料体系は、自然の摂理で決まるのではありません。経営陣や人事部が自分たちで具体的に考えて、決めているのです。にもかかわらず、どのように給料が決まっているかをだれも明確に語れません。明確にわからないので、後づけでいろいろ考えているわけですね。ただ、その結果、自分たちが無意識のうちに従っている給料のルールが抜け落ちてしまっています。

では、その給料のルールとは何か？

その答えは給料明細にありました。これはまた変な話ですが、自分たちで作っている給料明細に、自分たちが気づいていない本質があったのです。

まとめ

一般的に語られている「給料の決まり方」の説は、どれも部分的にしか説明していない。

本当の答えは給料明細に書いてある。

今さら聞けない「給料明細」の見方

サラリーマンは毎月給料明細を受け取りますね。僕も会社勤めをしていたときは、毎月受け取っていました。

個人が確定申告をしなければいけないアメリカと違い、日本では会社が納税・社会保険料の納付を代行しています。そのため日本のサラリーマンはあまり給料明細を見ないと言われます。かくいう僕自身も、給料明細で確認するのは、今月の入金額のみ。数秒眺めて、「今月は少ないなぁ」「今度は残業たくさんしたから結構もらえるな」などと考えて終わりでした。

「たまには給料明細を見なさい」と言われることもありますが、それは自分がいくら納税しているか意識しなさいという意味がほとんどです。それ以外の目的で給料明細を分析することはあまりないでしょう。

この給料明細をしっかり見ることで、僕らの給料の本質がわかります。

何に対して会社からお金が支払われているのか？

そもそも僕らが受け取る給料とは何なのか？

その背景が見てとれるのです。

ここでは、税金や保険料など「天引きされるもの」ではなく、**会社から支払われる項目**に注目します。


大別すると、**基本給と各種手当**（役職手当、資格手当、住宅手当、家族手当、残業手当、通勤手当）に分けられますね。

社員からすると、基本給も手当も、特に区別なく「今月の給料」ととらえて受け取っています。特に、役職手当や残業手当、資格手当は、給料と同じ意味だと感じるでしょう。しかし、ここに落とし穴があります。

どういうことか？　これらは何を表しているのか？

給料明細の意味がわかると、給料の意味がわかります。そして、なぜこんなにがんばっているのに給料が上がらないのか？　まったく仕事をしていないオジサンのほうが、なぜ自分より高い給料をもらえるのか？　その理由が痛いほどわかります。

給料明細の例

支給	基本給	役職手当	資格手当	住宅手当	家族手当	子女教育手当			
	200,000	20,000	5,000	27,000	12,000	3,000			
	残業手当	通勤手当					課税合計	非課税合計	総支給額合計
	62,500	24,000					＊＊	＊＊	＊＊

控除	健康保険料	介護保険	厚生年金	厚生年金基金	雇用保険	社会保険合計	課税対象額	所得税	住民税
	＊＊		＊＊		＊＊	＊＊	＊＊	＊＊	＊＊
	財形貯蓄		借上社宅						
									控除額合計
									＊＊

勤怠	要勤務日数	出勤日数	欠勤日数					有休消化日数	有休残日数
	20	20	0						

合計	累積課税合計								差引支給額
	＊＊								＊＊

まとめ
給料明細からわかるのは、納税額・社会保険料などの引かれるものだけではない。支給される基本給と手当の内容を注意深く見ることで、給料のルールが把握できる！

あなたの昇給がわずか「飲み会1回分」だったワケ

4月、あなたは胸を躍らせて給料明細をあけます。

「この1年、会社のために一生懸命がんばってきた。土日も返上し、プライベートも犠牲にして、仕事に打ち込んできた。何より、成果を上げた！　今月からその努力が給料に反映される！」

しかも「アベノミクスの効果」で給料を上げることを表明している企業が、メディアを騒がせています。これは期待できる！

そう思って、給料明細と向き合います。たしかに、給料は上がっていました。ただし、昇給は月額わずか4000円程度。飲み会1回分です。2013年の春闘では、上場企業での昇給率の平均が1・6％で決着するだろうという見通しでした。大企業の平均で「飲み会1回分」です。経営が厳しい中小企業の中には、昇給が1000円未満という会社もあります。

ちなみに2013年3月に日本経済新聞が行った調査では、**「給料が上がりそう」と思っている人は、全体のたった10％でした。**上がるだけマシなのかもしれません。

ここで多くの人が感じます。「うちの会社は社員を見ていない」「がんばっても評価されない」と。

しかし、それは間違いです。

あなたの昇給が飲み会1回分だからといって、会社があなたを評価していないわけではありません。がんばっても無駄なわけではありません。

希望を持て！　という精神論を語っているのではありません。本質的な給料のルールをお伝えしているのです。そのルールとは一体？

第一にお伝えすべきことは**「あなたの給料は、あなたの努力や成果で決まっているわけではない」**という事実です。

人の倍の売り上げを上げても、給料は倍にならない

「給料は何で決まっていると思いますか？」

大阪大学の調査によれば、日本人は「給料を決めている要素」を次のようにとらえているようです。

・個人の努力や選択（判断）：68・6％
・運：47・5％
・学歴：43・1％
・才能：29・5％

あなたの感覚と照らし合わせてみて、いかがですか？

では、もうひとつ、質問です。

「給料は何で決まるべきだと思いますか？」

これに対しては、次のような結果が出ました。

・個人の努力や選択（判断）：75・7％弱
・才能：15％
・学歴：10・4％

個人の努力や判断で決まるべきで、才能や学歴で決まってはいけないと考えているようですね。言い換えると、**「これから（の行動・判断）」で決まるべきで、「過去」で決まるべきではない**ということかもしれません。そう考える気持ちはわかります。

一方、僕がこの調査の回答に注目したのは別の部分でした。**「がんばって成果を上げた人が高い給料をもらうべき」と多くの人が考えている**、という点です。そしてその前提には、「成果を上げれば、給料が上がって当然」という心理があります。

最初に申し上げておきます。

あなたが成果を上げても、それに比例して給料が増えるわけではありません。あなたが土日を返上し、プライベートを犠牲にしても、給料はそれに見合うだけ増えるわけではありません。

あなたの会社の営業マンを見てください。成績には大きなばらつきがあると思います。同じくらいの年代でも、売上金額やもたらした利益が倍以上違うということもよくあることです。

しかし、売上金額が１００万円の人と、２００万円の人で、給料が倍違うかというと、そうはなっていないはずです。完全歩合給の企業を除いた、いわゆる「日本的企業」では、出した成果が倍違っても、給料も倍違うということはほとんどないのです。

なぜか？

それは「そういうルールだから」です。

「そんなルール聞いたことがない！」

そうです。だれも伝えてくれなかったでしょう。なぜなら、これは無意識のうちに従っている暗黙のルールだからです。

意識的に理解している人がいないので、だれも言ってくれませんし、あなたも「聞いたことがない！」のです。

どういうことか、この謎を解くために、「日本経済が暗黙のうちに従っている経済の原則」に立ち戻ってみます。

給料の「決まり方」は、マルクスが教えてくれた

僕たちは、資本主義経済の中で働いています。つまり、資本主義の論理に従って、活動しているのです。そんな僕らにとって、資本主義経済がどういう原則でまわっているかを知ることは必要不可欠です。

ただし、資本主義経済の原理原則は、日経新聞を読んでもわかりません。日々の経済ニュースと経済の原理原則は似て非なるものです。

また、大学で主に教えている「マクロ経済学」や「ミクロ経済学」を勉強しても、わかりません。これらは政策を考えたり、起こっていることを分析したりするには役

立つかもしれませんが、そもそも資本主義経済とはどういうものなのか？　という視点を解説してくれているわけではありません。

では、資本主義経済の原理原則は何からわかるのか？

経済学を17年間研究してきた結果、僕が至った結論は、**『資本論』に一番わかりやすい答えが書いてある**、でした。

『資本論』は、約150年前にカール・マルクスが書いた経済学の古典です。『資本論』と聞くと、「共産主義の経済学では!?」と感じるかもしれませんが、それは誤解です。たしかにマルクス自身は共産主義思想を持っていましたが、『資本論』は共産主義を布教するための本ではありません。**「資本主義経済を丁寧に分析した本」**ととらえるべきです。

また、『資本論』を「過去の経済学」「現代では通用しない理論」と考えている人もいますが、これも誤解です。マルクスが『資本論』で解説した原理は、日本経済の根底にしぶとく残っています。

特に『資本論』の中の、**どんなものが評価されて高い値段がつくか、どんなものはコモディティ（特長がなくなり画一化すること）になってしまい、買いたたかれてしまうかという「価値基準」の考え方が重要です。**

これを知らずに働いていると、「筋違いで、間違った努力」をしてしまう可能性があります。これでは、穴があいていることを知らずに「バケツに水がたまらない。おかしい……」というようなことになりかねません。

穴があいていたら、バケツに水はたまりません。何度くんでも同じです。それが自然の摂理（原則）ですね。

それと同じように、間違った努力をしても給料は上がりません。資本主義の原則を知らなければ、あなたの努力はたまっていきません。

「150年も前とは社会の構造がまるっきり違うはず！」と言いたくなるかもしれません。たしかに、マルクスが生きていた時代と現代では、社会の環境や経済事情は比較にならないほど違います。マルクスが想像もできなかったような商品が生まれ、完全に夢物語だった技術も、現代では当たり前になっています。しかし、根底は変わっていないのです。

日本経済を眺めていると、また日本的な企業に勤めていると、この理論がバッチリ当てはまっていることに気づきます。現場で仕事をしていてそう感じるのです。なぜ日本社会がこうなっているかを、『資本論』の論理を通じて説明することができるのです。

僕は「マルクスに習うべき」「マルクスは偉大な人だったから、みんなも『資本論』を読むべき」と言いたいのではありません。単に、『資本論』で説かれている理屈を理解すれば、経済の本質、さらに給料の本質が見えてくる、とお伝えしたいのです。

なぜ、そのお茶は150円なのか?

突然ですが、質問です。あなたはふだんからいろいろな商品を買っていますよね。たとえば今日もペットボトルのお茶を買ったかもしれません。そのペットボトルのお茶は150円でした。では、なぜ150円なのでしょうか？

「それくらいが相場だから」

では、その相場はだれが決めたのでしょうか？　なぜ150円と決めたのでしょうか？

「150円分の満足感があるから」

本当にそうでしょうか？　あなたはお茶を買うときに150円分の満足感があることを実感して買っていますか？

真夏で喉がカラカラになりそうな時期も、真冬で冷たい飲み物なんか欲しくないときも、同じ150円ですが、それだとつじつまが合いません。

じつは、商品の値段はまったく別のロジックで決まっているのです。

ここは絶対に理解して！資本主義の原則では、価格はこう決まる

『資本論』で解説されている理論には、いくつか重要な柱があります。そのひとつの主張が以下です。

1 商品には、「価値」と「使用価値」がある
2 需要と供給のバランスがとれている場合、商品の値段は、「価値」通りに決まる

これだけではさっぱり意味がわかりませんので、順番にひもといていきます。

1 商品には、「価値」と「使用価値」がある

マルクスは、取引をするモノは「すべて〝商品〟である」としました。あなたが今朝食べたパンも、会社で購入したパソコンも、時間つぶしに入ったスターバックスのコーヒーもすべて「商品」です。

一方で、「商品」にならないモノもあります。道端に落ちている小石は商品にはなりません。山奥のキャンプ場の近くに流れているきれいな小川の水も、商品ではありません。僕が描いた絵も商品になりません。

小さい石だから商品にならないのではありません。小さい石でもパワーストーンと

して売っていることもありますね。水だから商品にならないのではありません。コンビニでは「おいしい水」が売られていますよね。また、僕が描いた絵は売れなくても、有名画家が描いた絵は商品になります。

つまり、**同じ種類のモノでも、商品になったりならなかったりするのです。**この違いは何なのでしょうか？

「価値」と**「使用価値」**があるかどうかです。「価値」と「使用価値」を持っていれば、そのモノは商品になり、持っていなければ商品にはなりません。

まず理解しやすい「使用価値」について説明します。

「使用価値」とは、「それを使うメリット」という意味です。つまり「使用価値がある」とは、「それを使ったらメリットがある、満足する、有意義である」という意味です。たとえばパンの使用価値は、「おいしい」「空腹が満たされる」などで、小麦粉が練られて焼いたモノが使用価値を持つのは「人がそれを食べて、空腹が満たされるから」です。この「使用価値」は、次に出てくる「価値」とは全然違う意味ですので、注意してください。

次に、「価値」です。この言葉は要注意です。マルクスがいう「価値」は、ふだん僕らが使う意味ではありません（僕らが使う「価値」とは、マルクスがいう「使用価値」のことです）。

『資本論』の中では、「価値」は「労力の大きさ」という意味で使われています。つまり**「価値が大きい＝多くの労力がかかっている」**ということを言っているのです。**「それを作るのにどれだけ手間がかかったか」を計る尺度なんです。**

「価値」の大きさは人がそれを作るのにどれだけ苦労したか（どれだけそれに対して労働したか）によって決まる。

つまり「価値がある」と言う場合、「この商品は、○○人で○○時間かけて作ったから、すごい価値がある」といった感じで、とりあえず人の手がかかっている、ということを表しているのです。

だから、ある商品の「価値」の大きさは、その商品につぎ込まれた「人間の労働の量」によって決まります。

1時間で作ったパンより、10時間かけて作ったパンのほうが「価値が大きい」。

プログラマーが3時間かけて作ったスマホのアプリケーションよりも、10時間かけ

「使用価値」と「価値」はこう違う！

使用価値とは

使うメリット

例 パンの使用価値
→おいしい、空腹が満たされる

価値とは

労力の大きさ

例 パンの価値
→何時間かけて作ったか

マルクスの言う「使用価値」とは、「それを使うメリット」をさす。一方、「価値」は「それを作るのにかかった労力の大きさ」のことで、手間がかかっているモノほど「価値が大きい」となる。

て作った木彫りの置物のほうが「価値が大きい」のです。

「置物なんていらない！」と言うかもしれませんが、それは関係ありません。そのモノが有効かどうかは「使用価値」という言葉で計ります。尺度が別なのです。

単純にかかった労力に比例して「価値」は大きくなります。それがマルクスが言っている「価値」です。

簡単に言うと、**時間をかけて作ったモノは「価値」が大きい**、ということ。日常会話で使う「価値」は、マルクス経済学でいう「使用価値」の場合が多いので、ちょっと勘違いしやすいのです。

繰り返しになりますが、ふだん、僕らが使う「カチ」という言葉の意味とは違います。ここを混同しないように注意してください。

「価値」だけでも、「使用価値」だけでも、商品にならない

そして、マルクスが主張したのは、**「商品には、『価値』と『使用価値』がある」**と

いうことです。逆に言うと、「価値」と「使用価値」がなければ、そのモノは商品にはなりません。

具体例で説明しましょう。

「使用価値（使うメリット）」がないものは商品になりません。使うメリットがなければ、だれも買ってくれません。道端に落ちている小石や、僕が描いた絵が商品にならないのは、「使用価値」がないからです。役に立たないものは買ってもらえないというのは、当たり前の話ですね。

僕らビジネスパーソンは、自分が売ろうとしているモノ・サービスの「メリット」を徹底的に考えるよう、教育を受けています。

「お客様にどんなメリットがあるのか？」

「顧客視点に立て」

「お客様に喜んでもらえれば、必ず選ばれる」

このようなフレーズがオフィスの中で日常的に交わされます。これらはつまり「使用価値（使うメリット）」を考えろということを言っているわけですね。「使用価値さえあれば、お客様に買ってもらえる」のだと。

ただし、「使用価値」さえあれば、商品になるか（他人が買ってくれるか）というと、そうではありません。「価値」がなければいけないのです。

たとえば、さきほどのキャンプ場の近くに流れているきれいな小川の水が売れない理由がここにあります。山奥のきれいな小川の水は、健康によさそうなお水ですね。ミネラルもたっぷり含んでいそうで、飲むメリットは十分にあります。つまり、使用価値はある。

でもそれを、すぐ隣のキャンプ場で売ろうとしても、間違いなく売れません。なぜか？ **「価値」がないから（労力がかかっていないから）です。** すぐ隣から、ひょいとくんできただけなのですから。

だれでも、何の苦労もせずに手に入れることができます。だからわざわざ買わないのです。「価値」がない（労力がかかっていない）モノは、いくら使用価値があっても、売りモノにならないんですね。

この「価値」の概念は、とても重要です。**商品価格の相場を決定する「価値」こそが、僕らの給料がなぜその金額なのかを説いてくれる道しるべになります。**

3日間煮込んだカレーと30分で作ったカレー、高いのはどっち？

マルクスが『資本論』の中で説いた2つ目の重要ポイントはこれです。

2 需要と供給のバランスがとれている場合、商品の値段は、「価値」通りに決まる

商品には、「価値」と「使用価値」があります。これら2つの要素がそろって、初めて「売りモノ」になります。ただし、**マルクスは商品の値段を決めているのは「価値」だと考えました。**価値の大きさ（かかった労力）がベースになって値段が決まっているということです。

これは意外な主張だと感じませんか？

ビジネスパーソンが重要視しているのは、「お客様のメリット」です。お客様にメリットがある商品（つまり「使用価値」がある商品）を提供することがすべてだと感じています。安く買いたたかれてしまうのは、お客様へのメリットの提供が不十分だからだ、と。

しかしマルクスは、そうは考えませんでした。

「そんなことはあり得ない。やっぱりマルクスは時代錯誤だ」

そう言わずに、もう少し聞いてください。消費者の目線で見てみると、僕らは自分自身でもマルクスの主張の通りに考えていることがわかるでしょう。ビジネスパーソンとして会社内で言われていることと、全然違う判断をしているのです。

たとえば、

・3日間煮込んだカレー
・30分で作ったカレー

それぞれいくらの値段が妥当だと思いますか？　おそらく大半の方が「3日間煮込んだカレー」を高く設定するでしょう。

味のことは何も言っていません。「3日間」のほうがおいしそうな印象を持ちますが、あくまでも「印象」です。そしておそらく、目隠しをして、クイズを出されたら、多くの消費者には、「30分」も「3日間」も一緒で、味の区別はできません。しかし、それでも「3日間煮込んだカレー」に高い値付けをするのです（毎年年始に放送する「芸能人格付けチェック」でも、最高級品と安売り品の味を区別できないタレントさんが大勢いますね。「実際はほとんど変わらない」ということです）。

つまりこれは、**カレーのおいしさ（使用価値）ではなく、そのカレーを作るのにかかった労力（価値）で判断している**ということなのです。

「パン」よりも「手作りパン」のほうが高そうに感じます。非常に細かい刺繍がほどこされた布を見せられたとき、「すごい」と思います。ですが、それが手縫いだったことを聞かされるとさらに「すご〜い!!」と感じます。目の前にあるモノは変わらないのに、それが機械製か手製かで、感じる重みが変わっているのです。

また、何かの習い事に行くとき、回数や期間で割安・割高を判断することがあります。「10万円だけど、半年間だから安いよね」「2回で10万円は高い！」というように。

本来気にしなければいけないのは、そこに通って目的のスキルが身につくかどうか

価格が高いのはどっち？

商品の「価値」とは、それを作るのにかかった労力のこと。手間やコストがかかっていればいるほど価値は大きく、高値をつけることができる。

（その講座の使用価値）ですね。もっと言ってしまうと、1回ですべてのスキルが身についたほうが効率的でメリットがあります。でも、そうは考えず、回数や期間（相手が自分のために費やしてくれる時間、労力）で判断しているのです。

おわかりいただけましたでしょうか。

僕らは消費者として商品を「価値」で判断しています。そして「価値」をベースに妥当な価格を考えているのです。つまり、世の中の商品は「使用価値」ではなく、「価値」で価格が決められているわけです。

商品を「高値」で買ってもらう方法

ここまでで、商品の値段を考えるうえで「価値（かかった労力）」が重要であることをご理解いただけたかと思います。「大きい価値」を持っているモノは、消費者に「妥当」と思ってもらえる価格が高くなります。

となると次に知りたいのは、**「どうすれば価値を大きくできるのか？」**です。

「価値」は、人の労力がかかればかかるほど、大きくなります。それは変わりません。
これをもう少し具体的に見ていきましょう。

その商品を作るのに多くの労力がかかっていれば、その商品の価値が上がります。
具体的にペットボトルのお茶で考えてみます。
ペットボトルのお茶を作るには、

- お茶の葉を育てなければなりません
- 適した水を探して、くんでこなければなりません
- おいしいお茶になるように研究しなければなりません
- パッケージをデザインしなければなりません
- ペットボトルの容器を用意しなければなりません
- ペットボトルに詰めて、ふたを閉じなければなりません
- コンビニや自動販売機まで運ばなければなりません
- その他、この商売を維持するのに必要な管理もあります

これらの労力があって、初めてペットボトルのお茶ができるわけです。そのため、このお茶の価値は、「これだけの労力を積み上げた分」と考えられます。

現代では、自分でゼロから商品を作るわけではありません。だれかが作ってくれた商品を原材料として仕入れ、それをもとに自社で商品を作ります。ですがその場合でも、商品の価値を決める理屈としては変わりません。

だれが作ったかは問題ではなく、その商品をゼロから作り上げるのに、トータルでどのくらいの労力がかかったか、が重要なのです。他人（他社）から仕入れたものは、原価として自社商品の価値を作り上げていきます。

こうして価値が決まり、それに基づいて価格が決まります。

ということは、その商品を構成する各要素の価格が増えれば、その商品の価値も上がるということなのです。

たとえば、同じペットボトルのお茶でも、

「静岡の茶畑で、有機農法にこだわって丹精込めて育てたお茶の葉を使用」

であれば、価値が上がります。要素の価値が上がった分だけ、その商品の価値も上がるわけですね（「価値が上がる＝おいしくなる」ではありません。おいしいかどうかは、お茶の使用価値であり、価値ではありません）。

ということは、商品の「価値」を上げるには、その商品を作り上げるのに必要な要素の価値を上げればいい、ということになります。要するに、**労力をかければかけるほど、高い価格をつけてもお客様には納得感がある**、ということです。

価格の相場を決めるのは「価値」、そこから価格を上下させるのが「使用価値」

では、「使用価値（使うメリット）」が価格に何も影響を及ぼさないかというと、そうではありません。

経済学的に言うと、使用価値は、需要・供給の法則を通じて、商品の値段に影響を与えます。使用価値が高いモノは、より多くのお客様が欲しがります。需要が大きいわけです。「もっと高くても欲しい！」と考えているため、結果的に価格が相場よりも高くなります。

反対に、使用価値が低いモノは、「もっと安くないと買わない」と言われてしまい、安くなっているのです。

しかし、**いくら使用価値が高くてもえんぴつが10万円を超えることはまずありません。反対に、いくら使用価値が低くても、マンションが1万円より安くなることも考えられません。**

それは、価値が価格の基準を作っており、この種のものは、だいたいこれくらいの価格だよな、という相場を作っているからなのです。

個別の商品の価格は、その相場を基準にして、価格が決まります。

相場を作るのはあくまでも「価値」、そしてその基準から価格を上下させるのが「使用価値」です。ここはいくら強調しても強調しすぎることはありません。

もちろん、「使用価値」がなければ、商品になりませんし、買ってもらえません。だから使用価値を追求するのは当然ですし、必要不可欠です。

しかし、それは商品の一側面でしかありません。使用価値があれば（お客様にメリットがあれば）、問題なく会社が黒字になるかというと、そうではないのです。

使用価値があれば、お客様は買ってくれるでしょう。しかし、「高値で」とは限りません。お伝えしたように、商品の価格は「価値」が基準になって決まっているというのが経済の原則です。

ですから、それを作るのに大して労力がかかっていない、と思われるような商品には高い値がつかないのです。

まとめ

お金を払ってもらうには、「価値」と「使用価値」がなければいけない。一般的に「使用価値（使うメリット）」が重視されるが、価格を決めているのは「価値」（労力）！

給料の決まり方も同じだった！

マルクスは、取引するモノはすべて商品であると説きました。と考えると、あなたの労働力も商品だということになります。

つまり、**給料の決まり方は、商品の価格の決まり方とまったく同じ**、と考えることができるのです。

商品の価格は、商品の「価値（かかった労力）」が基準になって決まっていました。その商品を作るのに、どれくらいのモノが必要か、どれだけの原価がかかっているか、で「価値」が決まり、それを基準に価格が決まっているのですね。

労働の価格も一緒です。給料も同じ理屈で決まっています。

だとしたら、**あなたの給料を決めているのは、あなたの労働力を作るために必要な要素の合計なのです。**

商品の価値は、商品を生産するのに必要な要素の合計です。つまりこれは、その商品の生産コストです。同じように、労働力の価値も、「労働力の生産コスト」で決まるというわけです。これについてくわしく説明していきます。

給料は、あなたを働かせるのに必要なコストで決まる

では「労働力を作るのに必要な生産コスト」とは何でしょうか？

人が働くには、その仕事をする体力と知力（知識・経験）が必要です。労働者に体力と知力がなければ働いてもらうことができません。

たとえば、フルマラソンを走り終えてエネルギーがゼロになってしまった人を働かせることはできません。労働者として働いてもらうためには、食事をして、睡眠（休息）をとって、再びエネルギーを満タンにしてもらわなければなりませんね。このときにかかるコスト（**食費、睡眠のための住居費など**）は、労働力を作るのに必要な「生産コスト」です。

また、小さい子どもを会社に連れてきて、「じゃ、あとよろしくね」と言ってあなたと同じように働いてもらおうとしても無理です。仕事に必要な知識や経験がないか

らです。これらの知識・経験を身につけてもらわなければなりませんね。このときにかかるコストや労力（**学費・研修費、勉強時間など**）も労働力を作るのに必要な「生産コスト」です。

そして、これらの「労働力の生産コスト」を積み上げたものが、そのまま労働力の価値になり、それが基準となって、あなたの給料が決まっていくのです。

なぜ、医者の給料は高いのか

体力的にキツい仕事は、そうでない仕事に比べて、エネルギーをたくさん必要とします。その分、エネルギー補給のためのコストが多く必要です。だから、給料が高くなります。

また、医者や弁護士など、専門的な知識や長年の経験が必要な仕事は、そのために必要な知力を身につけるのに膨大なコストと労力がかかります。だから、医者や弁護士の給料は高いのです。

非常に重要なポイントですので、改めて整理しますと、こういうことです。

ペットボトルのお茶を作るのには、お茶を仕入れる、容器を仕入れる、デザインしてもらう……などが必要です。

それと同じように、あなたが「労働力」を作るには（働けるようになるには）、食事をしなければなりません。食費がかかります。

体力を回復させなければなりません。住居や生活設備が必要です。住宅費がかかります。

服を着なければなりません。衣服代がかかります。

ストレス発散のために気晴らしが必要です。娯楽費がかかります。

仕事をするための知力が必要です。このときに知識習得費がかかります。

これらの合計が労働力の価値になり、あなたの給料を決めているのです。これこそが、給料の正体です。

給料はこうして決まる！

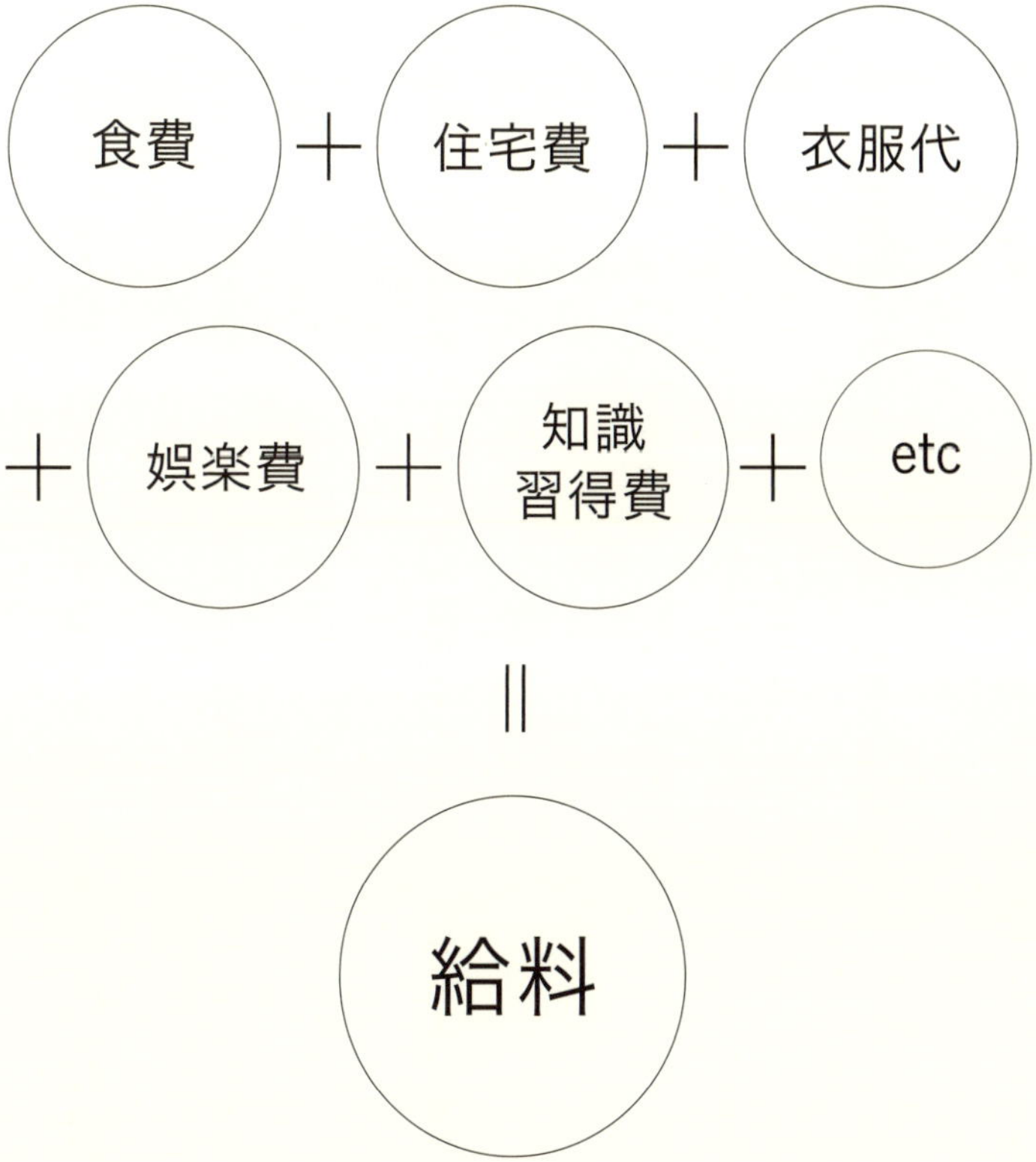

あなたの給料は、明日も働くために必要な費用の総額で決まる。

マクドナルドの「サンキューセット」の正体

巷では「デフレだから給料が上がらない」と言われています。よく語られているのは次のような流れです。

デフレで企業の商品が売れない→だから利益が上がらない→だから人件費が払えない→だから給料を上げられない

これはこれで、正しい側面もあります。しかし、これだけでは給料が上がらない理由を説明しきれません。デフレ下でも利益を上げている企業はたくさんあるからです。

「給料は、あなたが明日も働くために必要な経費で決まる」

こう考えると、これまで日本で給料が上がらなかった理由がよくわかります。日本では長らく物価が下がり続けています。「労働者が明日働くために必要なモノ」の値段が下がっています。だから給料が上がらないのです。

問題は「労働力の価値」なのです。デフレによって、労働力の価値が下がったので、給料が下がった、もしくは「上がらなくなった」のです。

先日、マクドナルドのテレビCMを見ました。「○○バーガー+ポテト+ドリンクで390円!」という内容でした。これを見て「あ、サンキューセットだ。懐かしいな」と感じました。そして同時に、「やっぱりな」とも思いました。

僕が小学生だった20数年前、マクドナルドが「サンキューセット(390円のセット)」を販売していたのを覚えています(それに対抗して、ロッテリアが「サンパチトリオ」を発売しました)。

一方、**厚生労働省が発表した世帯年収を見ると、2010年では1980年代後半の水準に戻っています**。同じく20数年前の水準に戻っているのです。

食費も給料も20数年前の水準。これは偶然ではありません。食費など、労働者が明日も働くために必要な経費が下がれば、労働力の価値が下がります。労働力の価値が下がれば、給料も下がるのです。だからサンキューセットの再登場と、給料水準が20数年前に戻ったということがほぼ同時期に起こるのです。

もちろん、マクドナルドのサンキューセットがすべての物価を決めているわけではありませんが、これは非常に象徴的な現象です。

労働力の価値は、労働力の生産コストです。要するに「労働者が明日も同じ仕事をするために必要な経費」です。この中には、もちろん生活費が含まれます。食費、住居費、娯楽費、その他雑費……。これらの必要経費が下がれば、労働力の価値は下がることになります。企業側の本音を感覚的に言うと、**「あ、生活費が下がったから、給料を減らしても生活できるよね？」**というようなイメージです。

日本は15年以上もデフレが続いています。生活費が下がり続けているのです。そのため、労働力の価値が下がっています。そして、

「給料が上がらなくても、大丈夫だよね？」

「少ない給料でも、生活できるよね？」

と社会全般で考えられるようになったため、社会全体で給料が下がっているのです。

「車なんていらない！」は「給料は安くてOK」と言っているのと同じ!?

ここでもうひとつ、重要な指摘をしておきます。

給料のベースになっている、「労働力の生産コスト（明日も働くために必要な経費）」は、**社会通念上で計算**されています。つまり、Aさん、Bさん、Cさんの個別事情は考慮せず、「この社会において、食費はこれくらいかかるだろう、住居費はこれくらいだろう、娯楽費も社会通念上これくらい認められるべきだろう」というように決まっているのです。

Aさんが「オレは大食いだから、食費が多い。それだけ『必要な経費』が多いから、人よりも給料を高くしてほしい」と主張しても、通りません。あくまでも、**その社会で平均的な額が「必要な経費」として認められ、給料に組み込まれます。**

とすると、逆に考えれば、**その「社会通念・社会平均」が変われば、考慮される「必要な経費」も変化する**ということです。

たとえば、かつては働き始めて数年たつと、マイカーを持つのが「普通」とされていました。もし車を持つのが労働者として生活するために、(気分的に)必要だとしたら、買えるように会社が自動車購入費を渡さなければいけないのです。

でも、時代が変わり、社会が変わり、いまでは車を持ちたいと考える人が減ってきました。こうなると、**企業は「自動車購入費」を「明日も働くために必要な経費」と考えなくてよくなるため、その分、給料を減らすことができます。**

気晴らしとしては、ネットやスマホで無料の娯楽がたくさん登場しました。もし社会通念上、「ストレス発散はネットの無料ゲームで十分」と思われたら、その分給料が減ることになります。

同じように、社会構造の変化も給料に影響を与えます。たとえば、**単身世帯(扶養家族がいない人)が増えたことも給料が上がらない理由**だと考えられます。単身世帯は1980年代から増加傾向にあり、いまやどの年代を見ても、「単身世帯」が一番多いのです。

単身世帯には、当然家族手当を支払う必要がありません。また、子どもの学費を考えてあげる必要もありません。「単身だったら、これくらいの給料で生きていかれるでしょ？」となるのです。

「手当」が意味するものとは

これらの『資本論』の理論を理解していただいたうえで、さきほど紹介した給料明細の項目をもう一度見てください。

「手当」が何を意味していたのか、ご理解いただけるのではないでしょうか。

通勤手当は、「あなたが明日も働くためには、電車に乗って会社まで来なければなりませんね。その費用を会社が負担します」という意味です。

住宅手当は、「明日も働くためには、住む場所が必要ですね。だから住宅を用意しましょう」という意味です。

家族手当は、「あなたが明日も働くためには、家族をちゃんと養っていかなければなりません。だから、扶養家族が増えたらその分を上乗せして支給しましょう」という意味です。

子女教育手当は、非常に古臭い言葉遣いですが、要するに子どもの教育費です。「子

給料明細の例

支給	基本給	役職手当	資格手当	住宅手当	家族手当	子女教育手当			
	200,000	20,000	5,000	27,000	12,000	3,000			
	残業手当	通勤手当					課税合計	非課税合計	総支給額合計
	62,500	24,000					＊＊	＊＊	＊＊

控除	健康保険料	介護保険	厚生年金	厚生年金基金	雇用保険	社会保険合計	課税対象額	所得税	住民税
	＊＊		＊＊		＊＊	＊＊	＊＊	＊＊	＊＊
	財形貯蓄		借上社宅						
									控除額合計
									＊＊

勤怠	要勤務日数	出勤日数	欠勤日数					有休消化日数	有休残日数
	20	20	0						

合計	累積課税合計								差引支給額
	＊＊								＊＊

どもに学費がかかりますね。その分を支給しましょう」ということです。**資格手当**は、「その資格（知力）を得るのにお金や労力がかかったでしょう。だからあなたの労働力の生産コストが上がりました。その分を支給しましょう」です。**役職手当、残業手当**も同じです。役職に就けば「それだけ必要な精神的エネルギーが増えますね。では、それを回復させる分を」「残業したら、より体力を消耗しますね。じゃあ、その分を」と言って、会社が支給しているのです。

これこそが、いまの日本企業で、『資本論』の理論通りに給料が決まっていることの証です。

そして現代人の給料が『資本論』の理論にぴったり当てはまっているとするならば、「労働力の使用価値」が給料に与える影響も、マルクスが説いた理論が大いに参考になるでしょう。

労働力の使用価値とは、「労働力を使ったときのメリット」です。要するに、「会社が、僕ら労働者を使ったとき（雇ったとき）のメリット」が労働力の使用価値なのです。会社にとってのメリットとは、もちろん僕らが稼ぐ利益です。つまり、こうです。

・使用価値が高い労働者は、能力が高く、会社に対して大きな利益をもたらす人
・使用価値が低い労働者は、能力が低く、成果を上げられない人

商品の使用価値は、価格に直接的な影響を及ぼしませんでした。使用価値が高いモノは、需要と供給の法則に従って多少価格が上がります。しかし、2倍の使用価値があっても、値段は2倍にはなりません。上がるのはたとえば「1・2倍」くらいです。労働力についても同じことが言えます。これを給料に置き換えると、**「2倍の成果を出しても、給料は1・2倍くらいしか上がらない」**となります。

本書の冒頭でも書きましたが、成果を上げたのに給料が上がらないと嘆く人は多いです。「うちの会社は社員を見ていない」「がんばっても評価されない」と。しかし、日本の資本主義経済の原則、そこから決まっている給料のルールを考えれば、そう嘆くのは「筋違い」だったことがわかります。

成果を上げたら給料が上がるはずと思うのは、そもそも勘違いだったのです。

「そんなことはない、成果を上げなくていいはずがない！」

誤解していただきたくないのは、僕は「成果を上げなくてもいい」と言っているのではないということです。

むしろ、「労働力」というものが「商品」になるためには、使用価値が必要です。成果を上げられない労働者は、使用価値がないので、企業に雇ってもらえません。成果を出すことは必要不可欠です。

使用価値が上がれば、その商品を欲しいと思う人が増えます。一般の商品で考えれば、使用価値があれば、消費者に選んでもらえます。そして、継続して買ってもらえます。これを労働力で考えると、

「労働の使用価値があれば（その人が優秀で、企業に利益をもたらせば）、企業に選んでもらえる、継続して雇ってもらえる」

となるのです。

お気づきでしょうか？

賃金の構成比

%

基本給			奨励給	手当て		
89.4	年齢・勤続給	11.7	1.6	9.0	職務関連	2.8
	職務・能力給	41.2			生活関連	5.9
	業績・成果給	4.1			その他	0.3
	総合判断	32.4				

出典：『平成22年 賃金事情等総合調査』（厚生労働者）

労働者として優秀になり、企業に利益をもたらすことで得られるのは**「雇い続けてもらえること」**なのです。給料が上がることではないのです。２倍の成果が出せるようになっても、給料は２倍にはなりません。そういうものなのです。それが資本主義経済における給料です。

これは机上の空論ではありません。現実にこうなっています。

上の表を見てください。

これは、会社から支払われる賃金の構成比（残業代がなかった場合）を示しています。基本給が約９割、手当が１割弱です。

「なるほど、『○○手当』が約１割もある

のか……、結構多いですね……」で終わってはいけません。ここで見ていただきたい数字はそんなところではありません。

注目すべきなのは、基本給の中身です。

1 年齢・勤続給：11・7％
2 職務・能力給：41・2％
3 業績・成果給：4・1％
4 総合判断：32・4％

業績・成果給が4・1％しかありません。業績・成果給とはもちろん、「その社員がどれくらい成果を上げたか」によって変わる分です。『資本論』で言うところの「労働力の使用価値」に当たりますね。その業績を考慮する分が4・1％しかないのです。

これが実態です。

「能力」とは、スキルではなく、社会人としての基礎力のこと

「業績・成果給は4・1％だが、その上の『職務・能力給』が41・2％もある。やはり労働者の能力（使用価値）が問われているのでは？」

こう感じるかもしれません。しかし、そうではありません。ここが少し複雑なのですが、**「職務・能力給」の「能力」とは、具体的な成果を出すためのスキルのことではなく、社会人としての基礎力を指しているのです。**

たとえば、社会人10年目の社員と1年目の社員が、まったくの未経験分野で今日から仕事をするとします。両方にとって未経験の仕事ですから、スキルは同じです。しかし、10年目の社員のほうが圧倒的に仕事をうまく進めることができるでしょう。

なぜか？

仕事のやり方がわかっているからです。社会人としての基礎力が違うので、新入社

員よりも仕事ができるのです。

この部分を評価して支払われているのが「職務・能力給」です。

つまり、具体的なスキルではなく、抽象的なビジネスパーソンとしての実力を計り、それに応じて支払っている給料です。

たとえば、仕事をするうえで必要な礼儀、言葉遣いからスケジュール調整能力、段取り力、説得・プレゼン力、その他社会人として必要な知識や基本となる経験を「能力」と定義し、それに応じてお金を払っているということなのです。

「能力」と聞くと、さも具体的な成果を上げるための力を意味しているように感じますが、そうではありません。ビジネスパーソンとしての基礎力・地力を指しているのです。

そして、このような能力は仕事を通じて、経験を通じて蓄積されていきます。通常、経験を積めば積むほど増えていきます。具体的な仕事内容が変わっても減るものではありません。

これはさきほどからお伝えしている「労働力の価値」に他なりません。それが給料の金額を決める大きな要素になっているのです。

まとめ
じつは年齢や、経験に基づく基礎力が、給料の金額を決める大きな要素。各自が上げた成果が考慮されているのはわずか4・1％。

「なぜ、成果を出しても給料が上がらないのか？」

ここまで読んでいただいて、この謎がとけたのではないでしょうか。日本企業に勤める労働者の給料は、**「出した成果」ではなく、「生活費（明日も働くために必要な経費）」「経験で形成される基礎力」が考慮されて決まります**。その割合がほとんどなのです。

成果主義が導入されたという印象はありますが、実態はそうではありません。マルクスが言うところの「労働力の価値」で給料が決まっています。

いくら成果を上げてもほとんど給料は上がりません。だから、一生懸命働き、大きな成果を上げている若手社員よりも、（たとえ成果を出していなくても）ベテラン社員のほうが給料が高いのです。

これが「給料のルール」です。いい成績を出せば給料が上がると考えて必死にがんばってきた人にはとてもショッキングな内容で、にわかには信じられないかもしれません。でもこれが真実なのです。

しかし、大切なのはここからです。

あなたはルールを知りました。このルールの中に、「安月給」から脱出するヒントが隠されています。本書の後半では、このヒントを活用し、どう働いたらいいのか、どう行動すればいいのか、具体的に考えていきます。

第2章

給料の「高い会社」と「低い会社」に分かれるワケ

給料が低い5つの理由

業種別の平均給与

■平均以下の業種

区分	平均給与	対前年伸び率
(業種)	万円	%
建設業	441	0.1
製造業	462	0.5
卸売業、小売業	358	▲1.1
宿泊業、飲食サービス業	230	▲6.7
金融業、保険業	577	▲2.1
不動産業、物品賃貸業	389	▲0.4
電気・ガス・熱供給・水道業	713	2.4
運輸業、郵便業	413	1.9
情報通信業	570	1.1
医療、福祉	386	▲0.7
学術研究、専門・技術サービス業、教育・学習支援業	481	▲5.3
複合サービス事業	420	4.9
サービス業	322	▲0.9
農林水産・鉱業	284	▲8.3
平均	**409**	**▲0.7**

出典:『平成23年分 民間給与実態統計調査結果について』(国税庁)

右ページのの表は、業界・業種別の平均給与を表しています。なぜこんなにも差があるのでしょうか？

業界によって給料が違うということは、扱う商品が違えば、給料が変わるということです。労働力の価値（明日も同じ仕事をするために必要な経費）で給料が決まるとしたら、扱う商品が異なっても、給料は変わらないのではないか、と思うかもしれません。

しかし、現実にはこのように大きな差がついています。なぜ、給料の低い会社が生まれてしまうのか。これには５つの理由があります。

理由１　ズバリ「業績」が悪いから

給料の基準は、労働力の価値で決まります。しかし、そこから労働力の使用価値（能力）で上下に変化します。

さらに、企業の業績も給料を変える要素になっています。つまり、企業の業績が異なれば、給料が異なるということです。ベースはあるけれども、企業の業績によって、振れ幅があるわけです。

簡単に言うと、ガッポガッポ儲かるビジネスと、なかなか儲からないビジネスがあるのです。そしてこの違いが、給料にも影響を及ぼしています。

長年、利益がたくさん出ていれば、それだけ企業の〝お財布のひも〟も緩くなります。「これだけ儲かっているから、もっと給料を出してもいいか。そうしたら、もっと働いてもらえるし、優秀な人も入ってくる」と考えるようになります。だから、**構造的に利益を上げやすい業種は、給料が高い傾向にあるのです。**

逆に、儲かっていなければ、給料を上げようがありません。

ただし、業績が給料に影響するのは、あくまでも小さな「振れ幅」程度です。同じ業界で純利益が10倍違うA社とB社があっても、その従業員の給料は1・5倍も変わりません。**給料のベースを決めているのは労働力の価値で、会社の業績はプラスα程度**だからです。

理由2「工場」を持っているから

一般的に、**メーカー（製造業）より商社や金融機関のほうが給料は高い**、と言えます。

「メーカーは設備投資や研究開発があるから、給料が安いんだよ」

ということを理由として挙げる人もいますね。

それは正しい指摘です。

ただ、もしかしたら考えている根拠は間違っているかもしれません。もし「設備投資や研究開発にお金を使わなければいけないから、社員の給料が安い」という意味で言っていたら、「間違い」です。

もっともらしく聞こえるので、納得してしまうかもしれませんが、「設備投資をしなきゃいけないから、社員の給料が少ない」ということは、「あなたの給料を減らして、設備投資に回しますね」と言っているのと同じです。

そんな理屈を言われて、だれが納得できるでしょうか？　そんな理屈が通るはずがないのです。

メーカーよりも商社のほうが高いのは、別の理由です。それは、**メーカーでは設備**

や研究開発が「労働者が明日も仕事をするために必要なもの」だから、です。

メーカーの仕事は、直接的にであれ、間接的にであれ、工場を利用しています。工場勤務の人は、工場がなければもちろん労働ができません。商品企画の人も、工場がなければ、企画した商品を製造できないので、結果的に仕事になりません。つまり、メーカーで働く労働者が明日も仕事をするためには、工場の存在が不可欠なのです。

労働力の価値は、「その仕事をするために必要なもの」でしたよね。

食費、住居費、娯楽費などは、労働者本人が使うお金なので給料として支払われます。でも、設備や研究開発を労働者一人一人が行うわけではありません。当たり前ですが、会社がまとめて用意します。

そしてその分は、労働者には支払われないのです。工場を建てるためのお金を貸してくれた銀行や投資家に払われます。

一方で、商社の労働は、設備や研究開発ではなく、商取引。この仕事は基本的には、労働者自身の知力・体力がそろえばできます。だからその分、メーカーに比べて給料が高いのです。

給料の金額がどのように決まっているか自体、明確に言える人が少なく、暗黙的に従っているルールに則っているだけです。そのため、各業種での違いも、「何となく」で考えていますが、このように考えれば、整理がつきます。

理由3「利幅」の天井が決められているから

もう一度P88の表を見てください。

注目していただきたいのは、**業種によって平均給与に大きな差がある、**ということです。

「小売業」の給与が低いですよね。最近、政府からの「要請」によって、ローソンやセブンアンドアイなど、小売企業が賃上げに動いています。そのため、小売も給料が上がっていく業種のようなイメージを持つかもしれませんが、そんなことはありません。総じて見ると、給料が低いです。

なぜでしょうか？

それは利幅の天井が決められているからです。

『資本論』の理論では、商品の価格は、商品の価値（かかった労力、コスト）で決まっています。

そしてこの「商品の価値」には、一般的に必要な流通の手間もすでに考慮されています。工場で製品ができたからといって、すぐにお客様に買ってもらえるはずはありません。お客様がいるところまで持っていかなければならず、また売る努力も必要です。だからそれにかかる労力も商品の価値に含まれています。

ということは、でき上がった商品をどのように流通して、どのように店舗で陳列しても、その商品の価値は変わらず、「妥当な値段」も変わらないということです。

つまり、**卸業者や小売業者がどんなにがんばっても、商品の価値を引き上げることはできず、その商品の「妥当な価格」を引き上げることはできない**、ということなのです。

『資本論』では、卸や小売は「流通資本」と呼ばれています。そして、卸・小売は、本来メーカーが自分で行うべき流通プロセスを代行している、とされています。

商品は生産してその辺に置いておけば売れるわけではなく、当然「流通」「販売」

の仕事が不可欠です。しかし、この活動は付加価値を生みません。いくらがんばって売ったとしても、商品（モノ自体）の価値が増えるわけではありません。よって、生産者（メーカー）は、できるだけこのプロセスを効率化しようとします。しかし自分は「メーカー」なので、なかなか効率的にできない。そこで流通業者に委託するようになるのです。

流通業者は、流通を専門にすることで、その道のプロになります。そして、メーカーが自分で行うよりも低コストで効率的に流通をすることができるようになります。「おたくの代わりに流通しまっせ」と仕事をもらい、メーカーよりも効率的に行うことで差額のコストを利益とするのです。

委託された流通業者は、本来メーカーが行うべき流通・販売業務を肩代わりし、その代わりに本来１００の価値がある商品を80で仕入れ１００で販売しています。この差額の20が流通業者の「利益」になるのです。

この話を、もう一度、具体的な数字を使って解説します。

メーカーが行うと、流通するのに本来３００円のコストがかかるとします。これを流通のプロがやれば150円でできるとしましょう。そうすると、流通業者はメーカーから流通の仕事を受けることで300円受け取ることができます。でも、流通のプロは効率的なので150円で済む。その差額が卸・小売の利益になるのです。

これは、**卸・小売業者は、自分で商品を製造しなくても、利益を生み出せるというおいしい側面があると同時に、卸・小売業者の利幅には、もともと天井があり、その範囲内でしか利益を稼ぐことができない**ということを意味しています。

メーカーは、自社の方針によって価値が高い商品を作ることができます。そしてその商品が高い「使用価値」（使うメリット）も持てば、消費者に受け入れられ、売れていくでしょう。

自分で商品を生産し、100の価値を持つ商品でも200の商品でも1万の商品でも作ることができます。

作った商品が売れるかどうかは、別の問題として残りますが、少なくとも**メーカーは利益額の「天井」を自分で設定することができます**。メーカーは自分たちの経営努力によって、理論上は利幅を無限に広げていくことも可能なのです。

しかし、流通業者はそれができません。

流通販売業者の利益の「天井」は他人に決められているので、いくらがんばっても手数料以上は受け取れません。

卸・小売業者が自分たちの利益を増やしたければ、よりがんばって、より効率的に仕事をするしかありません。**コスト削減しかないのです。**

消費者は、その商品の内容や質によって値段が変わるのは「当然」だと思っています。昔だったら「ソニーの製品だから高くてもいいか」、いまであれば「アップル製は高くても欲しい」と感じます。

しかし、イオンで買うから高くてもいい、とは思いません。別のサービスがついてくるのであれば話は変わりますが、同じ商品を同じように買うときに、「ここだったら高くてもいい」「この店で買うことに意味がある」と感じることはほとんどないでしょう。

だから**卸や小売はメーカーに比べて合併することが多い**のです。合併して規模が大きくなることで、効率化を図ろうとしているのです。

また、少し前に家電量販店にメーカー社員が「応援部隊」として派遣されることが問題になりました（小売店がメーカーの社員を半ば強制的に店頭に「販売員」として立たせており、これが問題視されました）。これもコスト削減の一環です。コストを削減することでしか利益を出せないのが流通業者なのです。

理論上の利幅を自分たちで設定できるメーカーより、利幅が他人に決められている流通業者のほうが、結果的に利益を出せる可能性が小さくなるのは当然のことです。給料が安くなってしまうのも、当然なのです。

理由4　日本人はサービスにお金を払わないから

さきほどの「業種別の平均給与」（P88参照）をよく見ると、小売業の他にもうひとつ目立つ業界があります。

「サービス業」です。この業界も給料が安くなりがちです。

「日本人は、モノに対してはお金を払うが、サービスに対してはあまり払わない」と言われます。僕はこれも『資本論』の価値基準が日本人に刷り込まれていることの現れだと思うのです。

モノには明らかに原材料費がかかっています。そして明らかに加工が必要なので、そこに「労力」がかかっていることがわかります。つまり、マルクスがいう「価値」が明らかなのです。

一方、サービスは違います。

レストランのウェイター／ウェイトレスが料理を運んできてくれても、それに対して「価値」があるとは（大きな労力がかかっているとは）あまり感じません。スタッフがいなければ料理が運ばれてこないので、ウェイター／ウェイトレスの労働に対して「使用価値」は明確に感じています。でも「価値」を感じていないのです。すごく乱暴な言い方をすると、**「かけた労力は、料理を運んできた数十秒だけでしょ？」**と思ってしまうのです。

海外ではレストランのウェイター／ウェイトレスにチップを支払うことも多いですが、日本では支払いませんね。

また食事に対する対価も、原材料を基準にしていませんか？　Ａ５ランクの牛肉だからいくら、有機野菜だったら高くてもいいけど、そうじゃなければ安くするべき、と。そこには料理人やウェイター／ウェイトレスの腕や雰囲気は考慮されていません。

「おいしい店なら何度も通う。シェフの腕を考慮している」
「店員さんの応対が大好きで、常連になった。これは、お店の雰囲気を評価している証拠だ」

そういう反論もあるでしょう。しかしそれは、**料理やレストランの「価値（労力）」ではなく「使用価値（おいしさ、居心地のよさ）」を評価しています**。「価値」ではありません。だから高いお金を払わないのです。

化粧品というモノに何万円もかける人でも、美容院にはお金を使わないことがあります。

日本人はアドバイスにお金を払わないとも言われます。せっかくアドバイスしてくれる人がいても、「アドバイス料」を払いたくないために、我流で試みて失敗する人が大勢います。

日本人は、形が見えないサービスに対して、「価値」を感じにくいため、高いお金を払いません。

その結果、サービス産業の給料が安くなっているのです。

理由５
技術が進歩すると労働者の価値を下げるから

効率化と技術進歩が進むほど、給料が安くなる。そして、技術進歩が頻繁に起こる業界は、給料がどんどん下がっていく構造になっています。さらに、技術進歩の恩恵を大きく受ける職種も、給料が下がっていく構造と言えます。

アダム・スミスは生産性を高めるために、分業の必要性を説きました。ピンを製造する工場を見て、こういう言葉を残しています。

分業すれば10人で１日４万８千本のピンを造れる。しかし、分業していなければ、一人１本も造れないだろう。

【原文】
「仕事全体が一つの独自の職業であるだけでなく、多数の部門に分割されていて、その大部分がまた同じように独自の職業になっているのである。一人は針金を引き延ばし、別の一人はそれをまっすぐにし、三人目はそれを切断し、四人目はそれをとがらせ、五人目は頭をつけるためにその先端を削る。（中略）この10人は自分たちで４万８０００本以上のピンを造ることができたわけである。（中略）しかし、もし彼らがみな個々別々に働き、まただれもがこの特定な仕事に向けて教育されていなかったとすれば、彼らはまちがいなく、一人あたり1日に20本のピンも、おそらくは1本のピンも造ることができなかっただろう」（『国富論〈1〉』水田洋（監訳）、杉山忠平（訳）、岩波書店、２００1年、P25）

分業によって、生産性が爆発的に高まるということです。すべての生産現場でそれほどまでに効率が高まるかどうかはわかりませんが、分業にはそれくらいの生産性向上効果があるということなのです。より多くの利益を得ようと、各企業は躍起になって生産性を向上させてきました。

しかし**「生産効率が高くなる」ということは、その商品ひとつを作るのにかかる労力が減るということ**です。つまり、**商品の価値が下がる**のです。

これはスミスの時代に限った話ではありません。最近でもパソコンやテレビなどのデジタル商品がわかりやすい例です。

かつては30万円、40万円したパソコンやテレビが、今では10万円以下という話も珍しくありません。では使用価値がなくなったのか、減ったのかというとそうではありません。むしろパソコンの性能は格段によくなり、テレビはより高画質に、より大画面になっています。使用価値はどんどん高くなっているはずです。でも、高値では売れません。

なぜか？

それは、**生産効率が圧倒的に高まっているから**です。デジタルの分野では技術改良が急激に進んでいます。それこそ3年前の技術は「使いものにならない」くらいでしょう。そのため、同じパソコンを製造するのにかかる手間が圧倒的に小さくなっているのです。

生産効率が上がり、たくさんの商品を製造できるようになったのはうれしいことですが、同時に価値が下がってしまうのです。

日本の半導体メーカーや電気機器メーカーが経営不振に陥っているのは、商品に使用価値がないからではありません。一生懸命「カイゼン」を重ねた結果、悲しいかな逆に**「もうそれほど手間かけなくても製造できるんでしょ？」**と思われてしまい、高いお金を払ってもらえなくなったから、なのです。

つまり、**この技術進歩が、給料が上がらない（むしろ下がっている）理由になっています**。生産やビジネスの現場が効率化しているから、また技術が進歩しているから、給料が下がっているのです。

分業をしたり、業務をシンプルにして簡素化したりすれば、労働者の仕事が軽減することになりますね。メーカーを思い浮かべていただくとわかりやすいと思います。

労働者の仕事が軽減すれば、少ない体力で仕事ができるようになります。そして「労働力の価値」が減る、つまり給料が減ることを意味します。いままでと同じ時間だけ働いていても、仕事の内容が楽になれば、体力を回復させるのに必要な生活手段も少なくなるからです。

たとえば、土木工事の現場に、ブルドーザーや大型トラックが導入されれば、作業が圧倒的に楽になります。楽になった分、体力回復に必要なものも少なくなります。労働の再生産コストが下がるのです。

また、手作業でひとつひとつ行っていた計算も、エクセルを使えば一発でできるようになりました。複雑な計算をする仕事は圧倒的に楽になりますし、そもそも複雑な計算をするための知識もいらなくなります。勉強する手間がなくなるわけですね。

「仕事が楽になった〜!」と喜んでいる場合ではありません。

また、分業が進み、技術が進歩すれば、それまでの「熟練の技」はいらなくなりますね。職人さんが長年の経験でやっていた仕事もテクノロジーがカバーし、機械化されることもあり得ます。

そして、その機械を操作するのに、熟練の技はいりません。つまり職人のようなベテランはもういらないのです。

世の中全般で、様々な仕事が、**「トレーニングを積まなくてもできるようになる」**ということでもあります。「仕事ができる人間」にまで育てる教育費は不要となり、労働力の価値を構成している「知力」が少なくて済み、その分労働力の価値が下がるのです。

さらに、生産性が高くなれば、当然、その商品はそれまでよりも安くなります。ということは、労働者も安く手に入れられるということになりますね。となると、「労働力の生産コスト（明日も働くために必要な経費）」も安くなります。この点からも労働力の価値が下がります。

マルクスは『資本論』の中で、どんどん進化していく機械のおかげで、労働者がますます窮地に追い込まれていくことを指摘していました。機械が登場してきたために、労働者の仕事が「楽」になります。そして「楽」になったために、「労働の再生産コスト」が下がって、給料を下げられてしまいます。「いままで手作業だったけど、これからは機械を操作するだけだから、体力を使わないよね。給料は下がって当然だよね」と言われてしまうのです。

世の中のあらゆる場面で、技術は進歩していきます。そして、僕らの生活は豊かになっていきます。しかし、労働者の立場から考えると、無条件に喜んではいられません。技術や機械が、あなたにとって代わり、あなたをより簡単な仕事へと追いやるのです。

簡単な仕事は、業界20年のベテランも、昨日学校を卒業した新人でも同じようにこなせます。ベテランの労働力の価値が一気に下がることになるのです。

「技術（機械）に置き換えられるような仕事には高い給料は支払われない」

表現を変えると、こういう言い方になるかもしれません。見方を変えれば、機械や技術に仕事を奪われているとも言えます。

19世紀はじめのイギリスで「ラッダイト運動」という機械打ちこわし運動が起こりました。歴史の授業で習ったことを覚えている方もいるかもしれません。労働者が機械（生産設備）を破壊してまわったのです。

なぜそんなことをしたのでしょうか？　それは、機械に仕事を奪われて職を失ったからです。

産業革命で次々に新しい機械が発明されました。当然、労働者が手作業で行うよりも格段に生産性がよくなりました。そのため、多くの労働者が職を失いました。機械に仕事を奪われた労働者が、怒り、機械を破壊したのです。

中世でも、現代でも同じことが起きています。**技術進歩は、人間の生活を楽にし、仕事も楽にしますが、同時に労働者を苦しめます。**

これらが、現代において給料が上がらない、むしろどんどん下がっている原因なのです。

まとめ
あなたの会社の給料が低い理由
・ズバリ、あなたの会社の「業績」が悪いから
・あなたの会社が「工場」を持っているから
・あなたの会社は「利幅」の天井が決められているから
・日本人はサービスにお金を払わないから
・技術が進歩すると労働の価値が下がるから

給料が上がりやすい会社の条件とは

ここまで給料が安い会社の理由をお伝えしてきましたが、これを裏返せば、給料が上がりやすい会社の条件になります。

・ズバリ、会社の「業績」が悪いと、給料が安くなる

裏を返せば……好業績の企業は、給料が上がりやすいです。

・「工場」など巨額の設備投資をしなければならない会社は給料が安くなる

裏を返せば……設備投資、研究開発がなくても仕事ができる会社は、給料が上がりやすいです。商社や金融はいい例でしょう。

・「利幅」の天井を自分で決められない会社は給料が安くなる

裏を返せば……メーカーは設備投資や研究開発を行わなければなりませんが、それでも流通業よりは給料が高くなる傾向があります。そのため、同じアパレル業界で、同じような品ぞろえをしている会社同士を比べても、**メーカーとしての機能を持つファーストリテイリング（ユニクロ）のほうが、他社よりも給料が高いのです。**

【平均給与】

ファーストリテイリング：768万円
ライトオン：396万円
ジーンズメイト：378万円

もっとも、**最近では小売が自社ブランド商品（プライベートブランド商品）を展開し始めており、徐々に「メーカー機能」も備えるようになっています。**

・サービス業は給料が安くなる

裏を返せば……消費者に対して、自分たちが売っているものの「価値」を明確に伝えることができれば、買いたたかれずに高い値づけがしやすくなります。マッキンゼーやディズニーランドなど、高くても売れるサービス・コンテンツを持っている会社は従業員の給料も高いです。ただし、一般的に考えると、モノのほうがお金をもらいやすく、給料も高くなる傾向があります。

・技術が進歩すると労働の価値を下げる

裏を返せば……技術進歩があまり起こらない業界は、商品がコモディティになりにくく、値崩れもしづらいです。たとえば、建設業界や農業分野は、不景気やデフレの影響は受けても、家電商品のようにコモディティ化することはありません。

新しい技術がどんどん出てくる最先端の業界のほうが格好よく思えますが、逆に変化が遅い業界こそ、売れる商品（使用価値がある商品）さえあれば高い給料をもらいやすいのです。

・参入障壁が高い業界は給料が高くなりやすい

これは新しい条件です。「参入障壁が高い」とは、「マネされにくい」「他人が同じような商売をしようと思っても、なかなかできない」ということです。

たとえば、技術的なハードルが高い製薬業界、莫大な資本が必要な鉄道、国からの許可が必要な金融・放送、独占が守られている電気・ガスなどです。

参入障壁が高ければ、商品が価格競争に巻き込まれず、高値で売れます。その分、利益を稼ぐことができ、社員の給料も高くなるというわけです。

日本企業はすでにたくさん給料を払っている!?

ここまで、給料が高い会社と低い会社が生まれる理由を解説してきました。これが資本主義経済のルールです。かつて、マルクス経済学が主流だったときとは違い、最近ではこのような原則を明確に教えられた人は少ないと思います。

何度もお伝えしますが、僕は共産主義者でもなければ、マルクスの信奉者でもありません。僕がこれまで勤めてきたのは、富士フイルム、サイバーエージェント、リクルートです。特にサイバーエージェントとリクルートは、共産主義からは程遠い、実力主義の会社です。盲目的に礼賛しているわけではなく、**ド資本主義の中で、マルクスの理論が当てはまっていることを感じたのです。**

ただ、みなさんの中には、「そうは言っても、景気が持ち直して、企業の業績が上がれば給料も上がる」と感じている人も多いでしょう。すでにお伝えしたように、たしかに、企業の業績も給料を決める要素です。ですが、企業の業績がよくなれば、給料が上がるとは言えません。

ワーキングプア、派遣切り、生活保護受給者の増加……。このようなキーワードは、企業が立場の弱い労働者を虐げ、搾取しているという雰囲気とともに伝えられます。また、2012年に法人税率の引き下げが議論された際にも、「企業だけ儲かってズルい！」「法人税率は上げて、消費税を下げろ！」という声も上がりました。

では、本当に「企業が立場の弱い労働者を虐げている」のでしょうか？ 1965年～1970年まで、「いざなぎ景気」と呼ばれる長期間の「好景気」がありました。統計上は景気がどんどんよくなっていましたが、生活者としてはあまり実感が持てなかったようです。そのため、「企業が儲かるだけで、労働者はこき使われていた」という声が大きかったのです。

しかし、労働分配率の推移を見ると、それとは違う印象を受けます。**労働分配率とは、稼いだ利益のどのくらいを労働者に払っているかを示す比率です。**

この労働分配率、日本では、1960年以降、ずっと上昇傾向なのです。つまり、稼いだ利益を労働者にどんどん支払っているのです。

さらに現在、経済産業省のデータでは、**労働分配率は70％を超えています**。稼いだお金の7割以上を労働者の人件費に支払っているということです。これはアメリカ、イギリス、ドイツと比較してみても、一番高い値です。国際的に見ても、日本企業は労働者に払っているのですね。

すでにこのような状況ですから、「もっと労働者の給料を上げろ！」と叫んでも、効果は限られそうです。

「おまえは企業の回しものか！　労働者はどうなってもいいのか！」というお叱りが聞こえてきそうですが、そうではありません。国民とは、企業ではなく、働く人（労働者）のことです。フリーランスが注目されているとはいえ、社会人のほとんどが企業から給料をもらっている労働者です。そのため、労働者の生活を考えることが国を考えることであると思っています。

しかし、それとこれとは話が別です。

企業もない袖は振れません。袖がないのに、「振れ！」と言っているだけでは何の解決にもならない。また、これからも袖が振れないのに、「何とかなるよ」と言うのは、楽観主義がすぎると思います。現実を見なければいけないのです。

さらに、日本企業の法人税が高くて困るのは、経営者だけではない、ということをしっかり認識すべきです。法人税が高いと、企業は稼いだ利益の中から多くを税金で持っていかれてしまいます。決算から2か月後に、法人税を現金で持っていかれてしまうのです。僕も経営者なので、この法人税の重さは肌身で感じています。

この結果、法人税を支払った後は、急に手元資金が少なくなります。となると、新しいプロジェクトを始めようと思っても、現金がないからできない、新しく社員を雇いたくても、現金がないからできない、となります。

法人税が安ければそれだけ企業に余力が生まれ、雇用も生まれる余地があります。法人税が高いことで困るのは経営者だけではありません。じつは、本来そこで雇われるはずだった人たちも同様に困っているのです。

「アベノミクス」と給料の意外なカンケイ

最近、アベノミクスの影響で株価が持ち直しているというニュースを目にしたり、一部の会社が賃上げを発表していたりするのを見ると、「このまま景気がよくなりそうだよね」と感じるかもしれません。

しかし、僕は、これは一時的な「お祭り騒ぎ」にすぎないと考えています。景気は「気分」の問題でもありますので、みんなが「景気がよくなりそう！」と考えれば、お金を使うようになるでしょう。その結果、実際に景気がよくなることもあります。

実際、日本経済新聞の調査によると、61％の人が、安倍内閣の経済政策で景気回復が「期待できる」と回答したようです。ただし、同じ調査で、**世帯の所得増は「期待できない」が69％に上りました。**労働者は「気づいている」のかもしれません。

また、仮にアベノミクスで景気がよくなるとしても、それは政策を実施し、日本経済が変わってからの話です。「民主党はダメだった」という印象が強く残っていると思いますが、考えてみると、民主党政権に移行する前の数十年間は、自民党政権だったわけです。その「かつての状態」に戻っただけですから、「民主党じゃなくなったから、すぐに景気がよくなる」と考えるのは楽観的すぎるでしょう。

ここで、アベノミクスのひとつの焦点、「円安」について考えます。**「円安になれば、景気が回復して給料が上がる」**という説を検証してみましょう。

日本企業はここ数年円高に苦しんできました。２００７年に1ドル１２２円をつけてから、どんどん値上がりし、２０１１年には1ドル75円前後という「歴史的な円高」を記録しました。

円高になると、同じ1ドルの商品を輸出しても、円に換算したときの金額が少なくなります（2007年には122円受け取れたのに、2011年には75円しか受け取れなくなりました）。この急激な円高に輸出企業は大変苦しめられてきました。

そのため、自民党政権になり、安倍首相が円安を推進する政策を打ち出すと、大企業を中心に歓迎する声が大きくなっています。新聞にも「円高を是正せよ！」「円安歓迎！」の記事が躍っています。

また、株価も持ち直しています。

これを見て、このまま円安が続けば、企業の業績も回復し、自分たちの給料が増えると考えている人もいるかもしれません。しかし、残念ながらそうスムーズにはいきません。

円安になれば、輸出しやすくなるので、商品を輸出している企業の売上は伸びるでしょう。円安↓売上増加、となる可能性は高いです。

しかし同時に**円安になるということは、輸入しているモノが高くなるということです**。1ドル80円であれば、アメリカから1ドルの原油を買うときに80円で済みました。

しかし、円安になり、1ドルが100円になったら、アメリカで売っている原油を買うのに100円払わなければいけなくなります。となると企業が支払うコストも上がることになります。つまり、売上増加↓利益増加、となるかどうかはわからないのです。この**エネルギー資源の価格の上昇は深刻な問題です**。

原子力を除くと、日本のエネルギー自給率は4％しかありません。原油、天然ガス、石炭などの燃料はほとんど外国から輸入しているのが現状です。これらが企業のコストを押し上げます。

円安で輸出がしやすくなるとは言っても、コストも上がります。だから企業の利益が増えて、給料が増えるとは言えないのです。

現に、2000年1月から2003年1月までの間、円ドル相場は円安になり、1ドル110円弱から130円強と約25円変わりました。しかし本書の冒頭でグラフをお見せしたように、**この間の給料は上がるどころか、下がっていったのです**。

また、**「円安になれば輸出が増えるので、売上が上がる」というのも、話としてあ**

やしくなりつつあります。というのは、長引く円高の影響で、すでに日本企業は海外に工場を移しているからです。いわゆる**「産業の空洞化」**ですね。

輸出より輸入のほうが為替の影響が大きい!

さらに、そもそも、為替の影響は円高と円安で同じではありません。

「円安になれば輸出企業に有利」
「円高になれば輸入企業に有利」

言葉で整理するとこの通りですが、重大な点をひとつ見落としています。それは、「輸入」のほうが、為替の影響を大きく受ける、ということです。なぜなら、貿易の決済に使う通貨が「輸出」と「輸入」で違うからです。

日本では、輸出品の約50%がドル建てです。つまり外国に商品を売るとき、その半分はドルで値づけし、ドルで代金を受け取ります。海外にモノを売る、と言われると、すべて外国のお金でやり取りするように思うかもしれませんが、そういうわけではないんです。またその残りのうち約40%を円建て(円で値づけをして、代金を円で受け取る）で取引しています。

一方、モノを輸入するときには70％がドル建てです。そして輸入品を円建てで決済する比率は約25％です。

これはどういうことか、一言でいうと**「輸入のほうが為替のメリット・デメリットを大きく受ける」**ということです。

日本からの輸出はすでに40％が「円高のデメリット」を受けない「円建て」で行われているのです。つまり、その分は為替レートには無関係で、円安になっても「輸出しやすくなった」とはなりません。

しかし一方、輸入品の75％は、為替レートに影響されます。円安のデメリットを受けてしまいます。為替レートが「1円」の差であっても、円高より円安のほうが影響が大きいのです。

いままでは円高のせいで生活が苦しいと感じていたかもしれません。円安になれば、企業の業績もよくなり給料が上がるので、それまでがんばろうと思っていたかもしれませんね。ですが、残念ながらそうはなりません。安倍政権もこれは理解しています。だからこそ、従業員の給料を上げるように、企業に対して異例の「勧告」を行ったのです。

インフレになると、給料は下がる!?

じつは事態はもう少し深刻です。**円安になると、実質的に給料が「減る」のです。**

日本は厳しい労働法があるため、正社員の場合、同じ企業で、同じように働いていると、そう簡単に給料は下がりません。額面は下がりにくいのです（正規雇用→非正規雇用に移った場合は、大きく下がります。転職をしたら下がる可能性はあります）。

ところが、額面が変わらなくても、実質的に下がることは十分あり得ます。それは物価が上がったときです。

お金は、商品と交換できるから意味があります。1万円をもらえてうれしいのは、

1万円分の商品が買えるからですね。

ところが、物価が上がると、同じ1万円がこれまでのように「1万円の役割」を果たさなくなります。物価が2倍になれば、実質的に5千円分の価値しかなくなります。物価が10倍になれば、これまでの1万円は、千円札と同じになってしまうのです。

「日本はデフレだから、物価は上がらない」

「仮に物価が上がったとしても、それは景気がよくなった証拠だから問題ない」

そう思っていませんか?

その認識は間違いです。というのは、不景気と物価上昇は同時に発生することもあり得るからです。経済学ではこれを**「スタグフレーション」**と言います。

通常、経済学では、好景気になると、

・企業がもっと生産するために人材募集をかける

・すると、人件費が上がる

・すると、上がった人件費をカバーするために商品の価格を上げる
・すると、商品の価格（物価）が上がっていく

という説明をしています。この理屈のように、**人件費が上がってから物価が上がれば、あまり問題になりません**。

しかし、人件費と無関係に物価が上がることもあります。それは「輸入インフレ」が起こったときです。輸入品の値段が上がった結果、国内の物価が上がってしまうことがあり、そうなると人件費は上がらず物価だけ上がるのです。

その原因は、「円安」です。

さきほども話に出しましたが、円安になると、海外から輸入しているモノの値段が上がります。日本はエネルギーをほとんど外国に頼っていることはお伝えしましたが、同じように、日本は食料も外国に大きく依存しています。日本の食料自給率は40％しかありません。

じつは僕自身、この食料自給率の計算方法には、あまり納得がいっていませんが、

それでも、多くを外国から輸入していることは紛れもない事実です。

そして、この輸入分は、円安になっただけで、値上がりしてしまうのです。

となると、**円安になっても、給料は上がらず、食べ物やガソリン、電気などの生活必需品の値段が上がっていきます。これで実質的に給料が下がっていくのです。**


これまでは、景気が悪く、給料が上がらなくても、円高だったので、モノを安く買えました。だからそれなりの生活ができていたのです。でもこれからは？

仮に給料の額面が変わらなくても、円安によって物価が上がってしまったら、実質的に生活がどんどん苦しくなることが予想されます。「いま暮らせているからいいや」で済ますことはできません。すぐに対策を打たなければいけないのです。

まとめ
アベノミクスで円安になっても、給料が自動的に上がるわけではない。

会社が給料を上げられない2つの本音

景気がよくなっても、円安になっても、給料は増えません。さらに言うと、企業の利益が増えても、給料を簡単に増やすことはできません。それは主に2つの理由からです。

【企業の本音1】ビジネスのリスクが格段に上昇しているから

マルクスは、資本主義経済では、資本家が絶えず労働者を搾取する、という論を展開しています。しかし、この論は現代では少し補正が必要です。

たしかに、マルクスが生きていた時代は、資本家が労働者を搾取していました。ただし、それは「生産すれば売れる時代」だったからです。

現代では、ベンチャー企業を作ってビジネスを始めても、わずか数年でその多くが廃業に追い込まれます。 始めたビジネスがうまくいかない、生産した商品が売れないからです。

また、今年はうまくいっていたとしても、来年どうなるかわからない、5年後にどうなるかなんて見当もつかない、というのが実態です。意外に稼げたからといってすぐに高い人件費を払っていたら、倒産するリスクが上がってしまうのです。

しかし、そのベンチャー企業で働く社員の給料は、固定的に支払われます。金額が固定ということではなく、ビジネスがうまくいってもいかなくても、支払われますね。

大企業でも同じです。いまや名だたる大企業が巨額の赤字を計上しています。倒産寸前の企業も多いです。このような状況で、経営者は、社員の給料を軽々しく上げるわけにはいきません。

もちろん、うまくいくビジネスを始めるのが起業家の役割ですから、うまくいかなかったときにお金を失うのは仕方がないことです。ここでお伝えしたいのは「起業家がリスクを背負ってかわいそう」ということではありません。

マルクスが『資本論』を書いた時代とは大きく状況が変わっているので、**「資本主義＝資本家が労働者を搾取する構造」とは言えなくなっている**、ということをお伝えしたいのです。

【企業の本音2】一旦上げたら、なかなか下げられないから

いまに始まったことではありませんが、給料は簡単に上げることはできても、下げることは簡単ではありません。これを「下方硬直性（下には硬くて動かない、という意味）」と言います。

これはだれもが実感として理解できるでしょう。「1万円の昇給」を拒む人はいません。しかし、**「来月から1万円下げる」と言われて、「はい、そうですか」とはいきません。**おそらくあなたは「妥当な根拠を示せ！」「そんな勝手なこと許されない！」と経営者に詰め寄るでしょう。

3月末の決算が調子よかったため、4月から昇給されたとします。しかし、やはり競争環境が厳しくなり、8月に元の水準に戻そうと経営者が判断したとします。

理屈のうえでは、上げた分を戻すだけなので、それほど問題なさそうな印象です。しかし、人間の感情はそこまで合理的に、冷静に判断できるものではありません。社員も、口では「仕方がないですね」とは言うでしょうが、喫煙所では愚痴が渦巻くことでしょう。

労働法でも**「労働者の不利益になる、合理性がない賃下げ」**は禁止されていますし、仮に雇用条件に明確にうたわれていたとしても、給料が下がることには相当な抵抗感があります。しぶしぶ合意したとしても、その後のモチベーション低下は避けられないでしょう。

給料は一度上げたら、なかなか下げることができないのです。

労働者だけでなく、経営者もそれをよく知っています。だから、一時的に売上が伸び、利益が上がっても、従業員の給料を上げられません。上げたくても上げられないのです。

ブラック企業の見抜き方

世の中には「ブラック企業」と言われる、どうしようもない会社があります。契約通りに給料を支払わなかったり、労働環境が異様に厳しかったり、与えられるノルマが達成不可能なレベルだったり。

本書は、ブラック企業の実態を暴くことが目的ではありませんので、どの会社が、どのように「ブラック」なのかはくわしくは書きません。

ただ、お伝えしたいのは、ブラック企業に勤めている限り、窮地から抜け出すことはできない、ということです。

仕事は大事です。「働かざる者、食うべからず」とも言われますが、仕事をしなければ、生活していけません。しかし、身体や心を壊してまで、仕事をすべきかと聞かれれば、僕はそう思いません。

「されど仕事」ですが、「たかが仕事」です。

生きていくための仕事で、死んでどうするのでしょうか。

まじめで責任感が強い人ほど、ブラック企業の悪条件に真正面から向き合って、最後まで付き合ってしまいますが、逃げることも学ぶべきです。明らかにおかしいと感じたら、自分を守るために、勇気を持って、その場から立ち去るべきです。

周りは「無責任だ！」とか「逃げても次はないぞ！」とか言うでしょう。でも、本当に自分で「これはおかしい」と感じ、自分自身が耐えられないと感じたら、立ち去る勇気を持つべきです。

ブラック企業を入社前に見分けられるに越したことはありません。僕が富士フイルムからサイバーエージェントに、また次にリクルートに転職をしたとき、様々な企業に出合いました。中には「危なそうな会社」もありました。それらの会社の特徴をまとめると、大きく3つに分けられます。

【ブラック企業の特徴1】大風呂敷を広げる

自社の業績や、今後の見通しについて、非常に大きい話をする会社はあやしいです。もちろん、「夢」を語ることは悪いことではありません。しかし、夢を語るあまり、現実が見えなくなっている人もいます。また、**「うちの会社は、上場が射程圏内になったから、いま入社すればストックオプションもたくさんもらえるよ」**などと、待遇に関しても風呂敷を拡げる経営者は、あまり信用できません。

株式上場は、具体的に話が進んでいてもボツになることは珍しくありませんし、ましてや「目指しているから上場できる」なんてことはありません。それに、上場間際に入社した一般社員に「たくさん」ストックオプションを渡す企業はありません。

意図的に風呂敷を広げて、いい会社のように見せ、実際には「上場目指して、安月給で働け！」と言われている姿が目に浮かびます。特に採用段階で風呂敷を広げすぎる企業には要注意です。

【ブラック企業の特徴2】理念がない

会社は、お客様に何かを提供したいから存在しています。何を提供したいのかという理念がなく、**ただ単に儲かればいいと考えている経営者は、明らかに危険です。**「儲かればいい」ので、とにかく売上を上げてくるように社員にけしかけるでしょう。超長時間労働を覚悟しなければなりません。「儲かればいい」ので、とにかく社員の人件費を下げようとするでしょう。超安月給を覚悟しなければなりません。

理念がなく、お金のことしか頭にない企業・経営者は要注意です。

【ブラック企業の特徴3】理念しかない

そして、最近増えているのが、この「理念しかない企業」です。

世の中を変えたい、こういう商品・サービスを提供したいという立派な理念があります。社長も、仕事に没頭していて、共感できる夢を語ってくれます。しかし、**理念しかなく、ビジネスが下手な会社は、かなりやっかいです。**

「この理念のために、土日も休まず働いてくれないか？」

「いつか、世の中を変えることができたら、そのときにお礼をするから」

考えていることは崇高ですが、それでは人間は生きていけません。

「人はパンのみにて生くる者に非ず」という新約聖書の言葉があります。「食料（現実的な生活手段）を手に入れればそれでいい」というわけではない、という意味ですね。しかし同時に、人はパンがなければ生きていかれないのです。理念が高くても、理念だけでは生きていかれません。

日本人はお金のことで自己主張することに慣れていません。たとえ正当な権利であっても、「わたしにお金をください」とは言いづらいのです。ましてや理念が高く、隣で一生懸命働いている社長に対して、「たくさん働いたので残業代をください」とは言えません。

自分に蓄えがあり、かつ、その社長に身を預けていいと考えているのなら別ですが、そうでなければ、「理念しかない企業」は、かなり注意しなければいけないでしょう。

働き心地がいい会社の2つの条件

会社選びの基準で「給料が高い／上がりやすい会社」を選ぶというのは、非常にわかりやすいです。当然、ブラック企業も避けたいです。しかし、給料が高ければいいというわけではありません。いくら給料が高くても、雰囲気が悪かったり、ストレスフルな職場だったりする会社は選びたくないでしょう。そのため、ここで「働き心地」についても触れておきます。

人によって、いい会社、悪い会社は変わりますので、一概にどの会社がいい／悪いを言うことはもちろんできません。また、「働きやすい会社」の調査で挙げられるのも、

・有給休暇のとりやすさ
・実労働時間が適正かどうか
・人事考課が明確で適切かどうか

・家庭と仕事のバランスに配慮した柔軟な働き方ができるかどうか

など非常に主観的で同じ会社でも個人によって判断が異なりそうな項目です。これではAさんには「いい会社」でも、Bさんには「そうでもない」となり得ます。

そのため、一概に会社選びのポイントを提示するのはあまり意味がありません。ただし、以下の2つの点は、客観的でかつ、普遍性が高いと感じています。（投資家ではなく）労働者として会社を判断するときのひとつの視点として、知っておいて損はないでしょう。

【条件1】社員の数が増えている

経済学者の大竹文雄氏が行った調査では、従業員の労働意欲は、その会社の従業員（社員数）が増えていると、高まるようです。

社員数が増えているということは、その会社の人数が増えているということで、組織が大きくなっていくということです。**組織が大きくなれば、それだけポストも増えますので、そのポストに就ける可能性が高まるのです。**

反対に、人数が減っている会社は、閉塞感が漂います。人数は減っても、仕事量自体が減るわけではなく、その分一人あたりの仕事量が増えている可能性が高いです。「がんばれば昇進できる!」という希望も持てないまま、業務量だけが増えていき、どんどんしんどくなるという状態です。

これは感覚的にも納得できるのではないでしょうか?

昇進や社内ポストのことを考えなくても、どんどん新しい社員が入ってくる会社や組織は、**「ようこそ! 一緒にがんばろう!」**という雰囲気があります。「後輩」ができることもうれしいことなので、テンションが上がります。新しい社員が入っただけでビジネスがうまく回るようになるわけではありませんが、何となく気分が高揚します。

反対に、増加が止まったり、人数が減っていったりすると、天井が見えた気がして、一気に閉塞感が漂います。感覚的には、これが労働意欲の減退につながります。

そこで、会社を選ぶときには、**人数が増えていて成長している会社・組織を選ぶ**、というのがひとつの視点です。これだけで「いい会社」と決まるわけではありませんが、ひとつのヒントにはなりそうです。

なります。

【条件2】中途入社（転職者）が多い

「中途社員がどれだけ入っているか」つまり、全社員のうち、中途入社の社員が何割くらいいるか、はその会社の雰囲気や仕事のやりやすさを計るうえで、とても参考になります。

転職者は、少なくとも1社、別の会社を経験し、「他の会社」のやり方を知っています。前の会社のいい点は、いまの会社にも導入しようとします。またいまの会社で非効率な仕事や無意味な仕事があれば、**「前の会社ではこのようにやって、効率的だった」**と経験を活かして、改善することができます。これが大事です。

中途入社が少ない会社では、自分たちのおかしいところを指摘してくれる人がいません。仮に無駄な作業や非効率な会議があっても、だれもそれに疑問を持たず、それを「普通」と考えて、続けている可能性があります。

どんなに大きくて、きれいな湖でも、水の流入が止まれば、やがて淀んだ汚い湖になります。それと一緒で、外から新しい人材が入ってこない会社は、自分たちのやり方を顧みず、やがて淀んでいきます。

新入社員をいくら採用していても、中途社員をとっていなければ「流入」していないのと一緒です。よほどの人材でなければ、新人のうちから、その会社の業務改善点や非効率な個所を指摘し、改善するように行動していくことはできないでしょう。

どんなに優秀な社員がそろっていても、どんなに売れるヒット商品を持っていても、「外部」から新しい風を入れて、自分たちを見直していかなければ、組織が古臭く、時代遅れになってしまいます。

だから「中途入社の社員数」は重要なのです。気づかないうちに時代遅れで非効率なやり方をしている企業よりは、自らのやり方をつねに検証している企業のほうが好ましいに決まっています。

もちろん、これがすべてではありませんが、中途入社が異常に少ない会社、部署では、知らず知らずの間に、非常に変な仕事スタイルになっていることもあり得ると、考えたほうがいいと思います。

まとめ

社員数が増えていること、中途入社者を多く採用していることは、「働き心地」に大切な要素。

第3章

なぜか
お金が増えない
「安月給」の人の
思考法

安月給の人の8つの思考法

ここまで、資本主義経済の原理原則、給料のルール、その他給料が安くなってしまう要素をお伝えしてきました。これらの原則、ルールを理解し、これらに沿って努力をすれば、給料を上げることができるでしょう。ですが逆に、これらに反していたら「安月給」から抜け出すことがかなり難しくなります。それこそ安月給の思考法なのです。

【安月給の思考法1】「社員食堂が安い！」と喜ぶ

労働力の価値を下げるのは技術革新だけではありません。あなたの生活費が下がれば、労働力の価値が下がりますね。

とは言え、世の中全体の物価水準が下がっていく分には、個人としてはそれほど問題にはなりません。世の中の物価が下がった結果、給料が下がったとしても、買えるものは変わらないからです。

しかし、もし自分だけ生活費を下げられてしまったら、どうなるでしょうか？

たとえばこういうことです。

求人情報を見ると、「3食まかない付き」や「寮完備」という仕事があります。食事を会社が提供してくれるのであれば、社員は食費が浮きます。寮に住むことができれば、住居費が不要になります。

「なんていい会社だ！」……と思うのは早いです。

繰り返しお伝えしているように、**労働者が明日も働くのに必要な経費が少なくなれば、労働力の価値が下がり、給料を下げることができます**。会社が食事を用意すれば、それだけ食費が減ります。

その分給料を安くしても労働者は生きていかれるのです。

日本の単身世帯の食費は月平均で4万円程度です。このくらい食費にかかるだろうな、という想定で給料は設定されているわけです。

しかし、食事を会社が負担してしまえば、払う必要がありませんね。

以前、中学校の同窓会に出席をしたとき、自分たちの会社の話になりました。そこで友人の一人が**「うちの会社は、給料は安いけど、社食が激安だから助かる」**と言っていました。でもそれは違うんです。

「給料が安いから、食事を安く提供してくれるのはありがたい」ではありません。**「食事を安く提供するから、給料を安く抑えることができる」**のです。これが正しい理解です。

これは、労働者が自分で払う食費を会社が前もって肩代わりしているだけのようにも思えますが、そうではありません。労働者が毎月払う食費はスーパーや、レストランの利益も含んでいます。スーパーで2000円買い物をしたら、そのうちの20〜30％程度は、スーパーの人件費や利益分です。純粋な食料に払っているお金はその一部です。

また外食産業の原価率は30％程度が相場ですから、レストランで食べた1000円の食事は、材料だけで考えれば300円程度で済みます。これを会社が負担すればいいわけです。

つまり、**会社からすれば、300円の原材料を負担すれば、労働者の給料を1000円減らせる、という構造なのです。**

正確に言うと、企業が食事を提供する際には、調理人を雇い、食堂設備を用意しなければいけないので、他にもコストはかかりますが、ここでは話を単純化させて考えています。

給料が減ってしまうのであれば、労働者からしても、「3食まかない付き」はじつはありがたくはない制度です。自分で好きなものを食べることができないからです。また、「今日は違うレストランで食事をしたいな」と思ったら、それは「自腹」になってしまいます。

入社するときには「食事を提供してくれるのだったら、多少給料が安くてもいいか」と考えたかもしれません。しかし、それによって自分の選択肢が制限されてしまうことはたしかです。

「社員食堂がタダ！」これは一見、社員にやさしい会社に見えますが、じつは社員の給料を減らす手段の場合もあるわけです。

グーグル本社の社員食堂は、3食無料だそうですね。それを聞くと、グーグルも、「意図的に!?」と感じるかもしれません。

ただ、問題視されるべきは3食無料にして、その分給料を下げている会社です。単に食事を無料で提供していることが悪いことではありません。そこは誤解なきようお願いいたします。

【安月給の思考法2】「家族を大切にする会社です」にグッとくる

「当社は、社員の家族を大切にする会社なんです。大きい会社ではないから、率直に言って、給料は大企業に比べて少ないかもしれません。でも、その分家族手当を充実させています。これは経営者が『社員のみんなに、いい家庭を築いてもらいたい』と願っている、その現れなんです」

以前見かけた企業の社員募集ページにこのような記載がありました。

なるほど、従業員だけじゃなくて、その家族を大切にしたいから「家族手当」を充実させているわけですね。少子化が叫ばれて20年以上たつのに有効な対策が打てない日本政府にくらべて、何と行動的な会社でしょうか。また、この文面からも社員を大事にしたいという雰囲気が伝わってきます。

「何ていい会社だ！」

と思うのは、ちょっと早いかもしれません。

この会社が言っているのは、**「給料は安いが、家族手当は充実している」**ということです。そして、モデル賃金をくわしく読むと、基本給が他社より安い分、家族手当が多く、合計すると同じ程度の水準になっていました。

「じゃあ手取りは同じということだ。やっぱりいい会社だ！」

いえ、そうだとしても「いい会社」ではない可能性があるのです。扶養家族がいない人には、厳しい条件かもしれませんが、一見特に問題はないように思います。しかし、そうではないのです。

この会社のどこが問題なのか？

ポイントは、残業代、退職金、ボーナスです。

残業をすると、割増賃金をもらえます。このときの時給は、「労働の時間単価」に割増率をかけて計算します。式で表すと以下のようになります。

時間単価＝（基本給＋諸手当）／1か月の平均所定労働時間

ただ、この「諸手当」には、個々の事情に応じて金額が変わる手当は含まれません。つまり、各自の自宅からオフィスまで実費でかかる「通勤手当」や、家を購入した人だけに補助をする「住宅手当」などは、残業代を計算するときに考慮されません。そして、扶養家族の人数によって支給額が変わる「家族手当」も同様に、残業代に考慮されません。

おわかりでしょうか？

基本給の大きさで、残業代の単価は変わるのです。だから、残業時間が一緒でも、支払われる残業代は大きく変わってしまいます。

また、**ボーナスや退職金も同様に基本給で計算されることがあります。**その場合、同じように「ボーナスは2か月分」だったとしても、基本給が少なければ、それだけボーナスも少なくなります。

つまり、**支給額が同じでも、それを「基本給」として払うか「家族手当」として払うかによって、残業代・ボーナス・退職金などの額が変わるのです。**

「家族を大事にしてほしいから家族手当を充実させます」

これは一見、素晴らしい考えに基づいた給料体系のようにも思います。しかし、従業員には不利益になることもあるのです。もし会社がそれをわかってやっていたとしたら……。

企業は、いろいろな事情や理念があって給料体系を決めています。もちろん、家族手当を充実させることが即「あくどい会社」ではありません。しかし、少なくとも労働者の立場から見て、その制度がどういう意味を持つのかは、知らなければいけません。自分の身を守るために、自己責任で把握しておかなければいけないのです。

基本給の大きさで、ボーナスの額も変わる！

A社の給与体系				
基本給		家族手当		総支給額
15万円	+	10万円	=	25万円

B社の給与体系				
基本給		家族手当		総支給額
20万円	+	5万円	=	25万円

ボーナスが「2か月分」出たとすると……

A社：基本給15万円×2か月で　30万円

B社：基本給20万円×2か月で　40万円

大切なのは「基本給」の額。残業代もボーナスも、この基本給をベースに算出されることが多い。

【安月給の思考法3】「年功序列は悪!」と考える

「年功序列型の給料」と聞くと、「古臭い」「実力が反映されないので、やる気がなくなる」というようなイメージを持つ人が多いでしょう。特に自分の能力に自信を持っている若手社員からは評判が悪く、「年功序列型給料じゃない会社に行きたい」という声も聞かれます。

しかし、本当に右肩上がり給料はいけないのでしょうか? というより、本当に若手社員は右肩上がり給料を嫌っているのでしょうか?

さきほど紹介した経済学者の大竹文雄氏が報酬の推移に関するアンケートを実施しています。その結果、とても面白いことがわかりました。

今後5年でもらえる給料の総額が同じ場合、どのようにもらいたいですか?

1 緩やかな右肩上がり
2 急激な右肩上がり(最初が少ない)
3 期間中、一定
4 右肩下がり

あなたもどれがいいか、考えてみてください。

この調査では、一番人気は「緩やかな右肩上がり」で、何と51・7％の人がこれを選んでいます。次に多いのが「一定」で26・5％、その次が「急激な右肩上がり」で15・3％、「右肩下がり」を選んだ人はわずか6・5％でした。

「緩やかな右肩上がり」を選んだ理由として、多くの回答者は、

「必要な生活費の変化に合わせたい」
「生活水準を年々上げていくことは楽しみ」
「年々収入が減少すると仕事への意欲が維持できない」

を挙げています。

繰り返しですが、「この5年間でもらえる総額は同じ」としています。もらえる金額は同じなのです。それでも、あらためて問われると最初は少なく、徐々に上がっていくのがいいと答えているわけですね。

じつは、これは経済学で考える「正解」に反しています。

さきほどの４つの選択肢を経済学的に考えると、**「４　右肩下がり」**が正解になります。この期間中にもらえるお金が同じだとすると、最初に多く受け取るべきなんです。**受け取ったお金は銀行に預けることができ、利子を稼げるからです。**

しかし、感情的にはそう判断しません。

人間は比較する動物ですから、前より少なければ「減ってしまった」と考え、ガッカリしてしまうのです。

また、右肩上がりを選ぶ理由に「年々収入が減少すると仕事への意欲が維持できない」を挙げているのも注目すべきです。給料が下がると、モチベーションを維持できない、と感じているわけです。

少しずつでも右肩上がりで増えていくことで、モチベーションを維持できるとしたら、この制度は決して悪くはありません。

実力や成果に基づく給料体系を望んでいる人は、「自分は能力が高いので、給料がどんどん上がっていく」と暗に感じているのではないでしょうか。

実力主義でも、その間給料が上がっていけば、「右肩上がり」になります。しかし、その保証はありませんね。年功序列を嫌い、もし実力主義の会社に行こうとしているのであれば、仮に仕事がうまくいかなくなったときのことを想定したほうがいいかもしれません。

年功序列的な給料体系にも多くの問題があります。しかし、だからといって安易に「実力主義」を求め、完全歩合の企業などに移ってしまうと、金額面でも精神面でも痛い目を見る可能性もあります。

なぜか仕事で成果が出なくなり、給料が下がったときに、自分が耐えられるかどうか、立ち止まって考えてみましょう。

【安月給の思考法4】
「技術革新が進めば生産性が上がり、給料も上がる」と期待している

現代では、あなたの労働力の価値を引き下げるものがあります。そこに気づいてい

ないと、知らぬ間に、労働力の価値が下がり、給料が安くなってしまいます。

これからの時代、労働者は自分自身で、「価値」が下がらないようにこれらに対抗し、自分で自分の身を守らなければいけません。

あなたが携わっている業界で最新技術が発明されたとしても、喜んではいられません。たしかに業務は効率化し、あなたがやらなければいけない業務は減るかもしれません。生産性も上がるでしょう。でも、「仕事が楽になった♪」と喜んでいる場合ではないのです。

たとえば、僕が身を置いている出版業界で考えるとこのような話があります。

昔は（と言ってもほんの20〜30年前までは）、作家は原稿用紙に手書きで原稿を書きました。それを編集者があずかり、写植屋というプロの打ち込み屋さんに依頼して、ひと文字ひと文字、データ化していたのです。

それがいまでは、ワードなどのテキストファイルに作家自身が打ち込んだ原稿を、編集者にメールで送っています。

作家自身も、かつては「間違えたら、書き直し」でした。

単なる書き間違いだけではありません。原稿を読み直して磨いていく過程で、どんどん修正したくなるんです。いまでは単に上書きすればいいだけです。原稿の順番を変更したい場合でも、コピー&ペーストで簡単に入れ替えができます。僕自身、この本の原稿は大きく3回書き直しています。

そんな作業を、いままではすべて一から手作業で行っていたのかと考えると、気が遠くなります。考えただけで冷や汗が出るような膨大な作業です。現在、この「一から手書きでやり直し」がなくなっているだけで、格段に執筆作業が楽になっています。そしてその分、年間に書ける本の冊数が格段に増えています。

ワードは出版業界のための技術ではありませんが、「文字業界」に技術革新が起こったために、革命的に仕事が〝効率化〟しました。

つまり、一冊の本を書く労力が減ったのです。これまでは1年かけなければ完成させられなかった原稿も、3か月で完成させられます。

その結果、**作家がもらえる「1冊あたりの報酬」は相場が下がりました。**「かつては1年必死にがんばらないとならなかったけれど、いまでは3か月で済むから、報酬もそれくらいでいいよね？」ということです。

だれかがこう言っているということではありません。業界の雰囲気として、また相場としてそのように変化してきたのです。


正確に言うと、作家がもらえる報酬（印税）は、「書籍定価の10％×印刷した部数」であることがほとんどです。この計算式自体は、いまも昔も変わりません。

しかし、最初に印刷する部数が驚くほど減っています。20年前は、初版部数（最初に印刷する冊数）は、3万部が平均でした。売れるか売れないかわからないけれど、それでもそれくらい印刷するのが通常だったのです。なぜか？　**そのくらい刷らないと作家が生活できず、結果的に原稿が書けないからです。**

でもいまは、初版部数の平均は4000部程度です。この20年で、8分の1以下に減ったわけです。すると当然、作家がもらえる印税も減ります。

一般的には、「本が売れないから、初版部数が減っている」と思われています。たしかに、本がもっと売れれば、印刷部数ももっと増やすでしょう。しかしその理由は「後付け」です。

本質的には、初版部数を減らしても、作家が生きていかれるから（1冊あたりの部数が減っても、原稿を書く労力が減り、書く本の数自体を増やせるので生活できるから）なのです。

作家だけでなく、出版社の編集者も営業もその他の管理部門の社員も同じです。1冊1冊が売れなくても、生きていかれるくらい業務が効率化しているので、経営が成り立っているわけです。

もしかつての技術のまま、部数が減っていったら、どうなるでしょう？　その場合、作家、出版社の従業員など創り手が生活できなくなり、この業界自体が消滅していたと思います。もしくは、「これまでのように3万部刷っても大丈夫な本（それくらい売れる本）」だけを、点数をしぼって出すことになっていたはずです。

技術革新により業務が〝効率化〟したために、生き残りやすくなったわけですが、同時に労働力の価値が下がったのです。

盲目的に「技術革新が進めば、仕事が楽になって、生活が豊かになる……」と考えるのは、「安月給の思考法」なのです。

【安月給の思考法5】「チャンスはいつまでもある」と思っている

「自分が諦めなければチャンスはある」「遅すぎることなんてない」

これは真実だと思いますし、僕もそう思っています。

しかし、**「諦めなければチャンスはある」ということは、「いつでも、いつまでも同じ量のチャンスがある」ということではありません。**そこは明確に認識しておくべきです。

時代の変化とともに、個人の働き方が変わってきています。一昔前にリクルート社が「フリーター」という言葉を作って以来、若いときにひとつの職場に勤めない働き方（生き方）が徐々に浸透してきました。

最近は、ニートと言葉を変え、新しい選択肢になりつつあります。

一方で、大学生の新卒一括採用への批判が高まり「そんなに急いで就職する必要もないのでは？　もっと世界を見てゆっくり自分のことを考えてから働き始めればいいのでは？」という「大人」からの意見も増えています。

ニートになるのも、卒業後すぐに正社員として働き始めるのも、また数年間は世界を放浪するのも個人の自由です。個人が考えて決めればいいと思います。しかし、ちゃんと考えたうえで、であれば。

先日、テレビで非正規雇用で働く若者へのインタビューが流れていました。地方から上京したものの、定職につかず、アルバイトで生活をしていました。番組スタッフが彼に正社員になるつもりはないのか?と問いかけると、「正社員は、失業のリスクがある。そんな不安を抱えながら生活するのは嫌だ。もっと自由に生きたいので、アルバイトがいい」と。

人には、いろいろな価値観がありますので、だれにも彼の生き方を否定する権利はありません。しかし、彼は自分が言っていることを達成していないことだけは確かでしょう。

そして彼は重大なことを見落としています。それは、**彼がその生活をしている間に、どんどんチャンスをのがしている**ということです。さらに、**チャンスをのがすたびに、次にもらえるチャンスはもっと小さくなる**、ということです。

「そんなに焦らなくても、いくらでもチャンスはある！」

たしかに、世の中にはいくらでもチャンスがあります。そして、何かを始めるのに遅すぎるということもないでしょう。しかし、のがすたびにチャンスは小さくなっていくのが現実社会です。

企業の新卒一括採用時に、学校名で評価することに対して批判する声があります。しかし、**学歴でチャンスを失うのは、ある意味「自然なこと」なのです**。自分が目指している企業が、学歴を重視していたとしましょう。でも、自分は大学受験に失敗して、「一流」の大学に入れなかった。あなたはそこで一度チャンスをのがしているのです。

「その企業が好む学歴」を得られなかった時点でチャンスをのがしていますので、次に与えられるチャンスは半減しています。

高校生のときに「そんなこと知らなかった」と言うでしょう。ですがそれは、「この企業の株価が上がるなんて知らなかった。知っていたら買っていたのに」と言っているのと同じです。

すべては自己責任です。

その後、就職活動期間中に内定を得られなかったら、その後の活動はチャンスが激減します。1度目の就職活動でチャンスをのがした人も2度目のチャンスをもらえます。ただし、圧倒的に小さいチャンスです。

大学既卒者が内定をもらいづらいのは当たり前で、「1度目」と同じようにチャンスをもらえると考えるほうが間違っています。厳しい言い方になりますが、これが現実なのです。

【安月給の思考法6】就業規則を読んだことがない

給料を引き下げる要因に対抗するためには、本書で紹介している給料の本質を理解し、何に対してお金が支払われているかを理解しなければいけません。

そのうえで、就業規則を事前に見せてもらい、検証することが必要です。給料に関しては、すべて就業規則に書いてあります。社会人になってから一度も読んだことがない人も多いでしょうが、「知らなかった」では、自分を守ることはできません。

新しい会社に就職する場合も同様です。入社前に、ざっくりとした額面給料を提示され、それだけでOKしてしまう人がほとんどです。

しかし、**その企業の人事制度や給与体系を調べて、どういう構造になっているのか、落とし穴はないか、などは自己責任として確認するべきです。**

ブラック企業に「だまされる」のは、オレオレ詐欺にひっかかるのと基本的には同じです。自分を守るために、自分で勉強していかなければいけないのです。

【安月給の思考法7】「会社の経費で落ちるか」をいつも気にしている

労働者が、仕事で使ったお金は、必要経費として会社に請求できます。交通費、接待費、備品代などなど。ある意味、業務命令として仕事で使ったお金を会社に負担してもらうのは、自然なことで、それ自体は問題ではありません。

しかし、**この「経費精算」に慣れてしまうと、あなたは自分でお金を「投資」できなくなります。**

「自分のお金じゃないから、よく吟味せず会社のお金を使うようになる」という状態にもなってしまうでしょう。しかしここでお伝えしたいのはそこではありません。

「自分のお金を自分のために使えなくなってしまう」ということなのです。経費精算できるのであれば、結局あなた自身は何も買っていないことになります。その結果、仮に自分の将来のために必要なものがあっても、**「これは経費で落ちないから買えない」**と考えるようになってしまうのです。


以前、勤めていた職場でこんなことがありました。

ある著名なビジネスマンが雑誌のインタビューで、「これからは自分の勉強のために大学院などの社会人スクールに通ったほうがいい」と語っていました。それをオフィスで読んで職場の先輩や上司に伝えたところ、

「そんなこと言ったって、学費は経費で落ちないぞ」

「会社が補助を出してくれればいいのになぁ」

というリアクションが返ってきました。


また、かつて、3日間で10万円のビジネスセミナーに、会社の研修として参加した友人が「参加者の1／3くらいは、自腹で参加していてビビッた」と語っていました。

これらはまさに「安月給の人の思考法」です。自分のお金を使うことができないのです。

たしかに、会社がお金を出してくれればうれしいでしょう。しかし、会社がお金を出してくれるから行くのではなく、**自分がその金額に見合う意味があると思ったものには、自分のお金で参加しなければいけません。**

自分のお金であれば、より慎重に使い道を選ぶでしょう。それは自然なことです。自分が価値があると認めたものにお金を使えばいいのです。

しかし、「経費精算」に慣れていると、商品を買う基準が「経費で落ちるかどうか」になってしまいます。

面白そうな本があっても「経費で落ちるかな……」、尊敬する経営者の勉強会を見つけても「参加費５０００円か……。経費として認めてくれるかな……」といちいち考えるようになってしまうのです。

いいものとわかったら買うべきだし、投資をすべきです。あまりにも経費精算に慣れてしまうと、それができなくなってしまう恐れもあります。

【安月給の思考法8】「人は見かけが9割」を理解していない

仕事で重要なのは、中身です。アイドルやモデルではないので、外見であなたの査定が決まることは、ほぼありません。

しかし、「外見はどうでもいい」「外見はまったく関係ない」ということではありません。かつてのベストセラーにあったように、むしろ『人は見かけが9割』なのです。

「メラビアンの法則」をご存じでしょうか？

これは、アメリカの心理学者アルバート・メラビアンが唱えた法則で、話し手が聞き手に対して与える影響力の強さを「言葉」「声」「態度」の3つの要素別に示したものです。つまり、3つのうち、どの要素から影響を強く受けるか、です。

・怒った顔をして「ありがとう」と言う
・自信なさげに「大丈夫です。問題ありません」と言う

など、「言葉」「声」「態度」で矛盾した情報を与えられたとき、聞き手はどの情報を優先して受け止めるか（内容を理解するか）について、このメラビアンの実験で明らかになりました。

その結果がこれです。

・視覚情報（見た目／表情／しぐさ／視線等）が55％
・聴覚情報（声の質／話す速さ／声の大きさ／口調等）が38％
・言語情報（言葉そのものの意味／話の内容等）が7％

つまり、あなたが「ありがとうございます」と言ったとしても、声のトーンや態度が「ありがとう」を表現していなければ、あなたの感謝は7％しか伝わらないということです。もしも態度がぞんざいであれば、何を話していても「そういう人」に見られてしまうということなのです。

先日、ある企業が主催しているセミナーに参加しました。このセミナーは無料で、その会社が見込み客集めのために行っていたものです。とても注目度が高い内容だったため、３００人を超える人が参加していました。主催者としては期待以上の集客だったでしょう。

僕もセミナー内容をとても楽しみにしていたひとりで、セミナーを聞く前から個別の依頼をすることを検討していました。ところが、セミナー開始前に、気持ちが変わりました。

セミナー開始前に「事業責任者」という方が挨拶をしましたが、この方が信頼できる人間に見えなかったからです。

彼はマイクを親指と人差し指の2本で持ち、歌手の松山千春さんのようにアゴにつけ、腕を組みながら挨拶をしました。上場企業が数十万円、場合によっては数百万円の商品をアピールする場としては明らかに礼を欠いていて、顧客を前にとる行為ではありませんでした。セミナーの内容は満足のいくもので、新しい発見もたくさんありましたが、この「事業責任者」の第一印象を覆すことができず、終了後、僕は名刺交換もせずに帰ってきました。

同じことでも、それをだれから言われるかによって納得したり、しなかったりします。

同じ商品を提案されても、相手を信頼しているかどうかで、買ったり買わなかったりします。長い付き合いであれば、相手は外見以外から「本当のあなた」を見つけてくれるでしょう。しかし、ビジネスの場では、それほど長い付き合いに発展できるケースは少ないです。また当然「新規顧客」とは、初めて会うわけです。

「いやぁ、長く付き合ってもらえば、自分のよさがわかると思うんで」と考えていたとしても、相手はそう思いません。第一印象で「信頼できない」「自分とは合わない」と感じた相手と、次も無理して会う可能性は低いのです。

ビジネスは、中身が大事です。しかし、「見かけ」をないがしろにする人は、中身がいいということを信じてもらえないのです。

まとめ

安月給の人の8つの思考法

1 「社員食堂が安い！」と喜ぶ

2 「家族を大事にする会社です」にグッとくる

3 「年功序列は悪！」と考える

4 「技術革新が進めば給料も上がる」と期待している

5 「チャンスはいつまでもある」と思っている

6 就業規則を読んだことがない

7 「会社の経費で落ちるか」をいつも気にしている

8 「人は見かけが9割」を理解していない

第4章

給料を上げるための13の質問

「高くつく」自分を作りなさい

給料を決めている要素は、

1 年齢・勤続給：11・7％
2 職務・能力給：41・2％
3 業績・成果給：4・1％
4 総合判断：32・4％

でした。

さらに、会社の業績が「±α」で反映されます。また、これ以前に業界の特色によって給料水準は変わっています。これが給料の正体です。

ここからあなたができることは何か？

一番考えやすいのは、

・景気がいい業界を見極めること
・業績がいい会社を見極めること

です。その業界、その企業に実際に行くかは別にして、「給料」という尺度を考えるならば、業界分析・企業分析は欠かせません。

次に考えられるのは、

・労働力の使用価値を高めること

つまり、あなたが優秀になって会社の業績に貢献することです。優秀な人材になれば、その分査定で給料が増えます。また仮に転職することになったとき、雇われやすくなります。

ただし、繰り返しお伝えしているように、これらは給料に対して「プラスα程度」

の影響しか持ちません。

最も重要なのは、

・労働力の価値を高めること

です。あなたが仕事をするための体力・知力をゼロから作り上げるとしたら、どのくらいコストがかかるかで労働力の価値は決まっています。

そのコストを高めること、つまり「**自分**」**という労働者をゼロから作り上げるときにできるだけ高いコストがかかるようにすることが最も大切です。言い方を変えると、「企業があなたの代わりを連れてこようとすると、非常に高くつく**」という状態を作らなければいけないのです。

すでに説明したように、技術革新や時代の変化によって、あなたが持っている能力は、機械やシステムに置き換えられていきます。あなたが行っている仕事は、どんどん「軽く」なっていくのです。

それに対抗するべく、行動していかなければなりません。これから僕らは、労働力の価値が下がらないようにすること、むしろそれを引き上げていくことを必死に考えていかなければならないのです。

労働力の価値を落とさないために、あなたの代わりを連れてこようとすると非常に高くつく、という状態を維持するために、自問していただきたい13の質問があります。

質問1　成長し続けているか？

『不思議の国のアリス』をご存じですよね。では、その続編は知っていますか？『鏡の国のアリス』です。どちらもおとぎ話ではありますが、この『鏡の国のアリス』に、とても興味深い示唆があるので紹介します。

あるとき、アリスは赤の女王（ハートの女王のことです）と一緒に走っていました。しかし、いくら走っても、場所が変わっていないことに気づき、不思議に思います。

そこで女王はこう言いました。

「ここではだね、同じ場所にとどまるだけで、もう必死で走らなきゃいけないんだよ。そしてどこかよそに行くつもりなら、せめてその倍の速さで走らないとね！」

つまり、

「いまの力を出し切って、〝現状維持〟」

「前に進みたいのなら、それ以上の力を発揮しなければいけない」

ということです。

この指摘はもはや鏡の国の話ではありません。現実の話です。鏡の国にいる赤の女王が、現実社会に生きる僕らにあてたメッセージなのです。

いまの自分を振り返って、「いつまでたっても状況が変わらない……」と感じる人がいるかもしれません。ですが、もし赤の女王の示唆が正しかったとしたら、いままで通りやっていたら〝現状維持〟がせいぜいです。ここから抜け出すためには、別の何かが必要なのです。

質問2 「自主レン」をしているか？

誤解を恐れずに言うと、多くの人が大学受験を終えると同時に、勉強することをやめてしまいます。「大学で勉強している」と言っても、受験勉強なみにしている人は数少ないです（理系学部では勉強をしていますが、文系学部では総じて勉強をしていません）。

さらに、大学を卒業すると本当に勉強をしなくなります。会社に入ってからは、仕事以外の知識や経験を持つ人が圧倒的に少なくなります。会社内の研修や職場でのOJTは行うものの、自らを高めていくような勉強をすることはほとんどありません。

これまで僕は3つの会社に勤めてきましたが、本業に関連する勉強をしていた人は本当に少なかったです。日々の仕事をしているだけで十分だと思っていたのでしょうか。会社から一歩出ると、遊びのことしか頭にない人がほとんどでした。

この勉強とは、資産運用の勉強とか、いわゆる自己啓発ではありません。**自分の本業に関わる勉強で、いわば「自主レン」のことです。**

学校の部活の自主レンで、違うスポーツをやる人はいませんね。野球部員が放課後にサッカーをやるのを「自主レン」とは言いません。それは単なる遊びであり、息抜きです。部活の練習時間以外に、自分で野球の練習をするのが自主レンです。

それと同じ意味での本業の勉強、トレーニングを、あなたはどれだけしているでしょうか？

「意識が高い人」は、異業種交流会に積極的に顔を出し人脈を拡げようとがんばっています。「オレは1週間に最低でも3冊ビジネス書を読むことを自分に課している」と言って、「自己成長」に余念がありません。

ただ、そのような行為は、本当に自分を高める「自主レン」になっているのでしょうか？　それとも、本業から逃げるために、息抜きとしてやっているのでしょうか？

営業職の人が、もっと「うまく」なるために、自社商品や営業そのものの「自主レン」をどれだけしているでしょうか？　業務時間中に営業活動に取り組むのは当たり前です。しかし、それでは「人と同じ」「世間と同じ」で、現状維持をすることが精一杯でしょう。

企画職の人は、仕事の時間以外でどれだけ企画の勉強をしていますか？　アイディアを練るために発想力を鍛えたり、周囲を説得するためにプレゼンスキルを磨いたりなど、自分の仕事に直結する「練習」をしていますか？

ビジネス書を読んでも優秀なビジネスパーソンになれないのは、それが自主レンになっていないからです。野球部の補欠部員がサッカーをやっても、レギュラーにはなれません。周りからはむしろ不真面目な奴と見られてしまうでしょう。

遊ぶのが悪いと言っているのではありません。スポーツがうまくなりたければ、部活でレギュラーを勝ち取りたければ、**周りよりも練習するのが当たり前**です。周りと同じようにしか練習していない人から「周りと同じように練習しているんですが、なぜ自分はレギュラーになれないのでしょうか？」と聞かれたら、「それは、周りと同じくらいしか練習していないからだよ」と言うしかありません。

周囲よりいい成績を残したければ、人よりも多く力を注ぐしかありません。まさに「一生懸命走っていて、現状維持、どこかほかの場所に行きたいのならいまの倍」です。そのための自主レンを、自分はどれだけしているか、真剣に問うてみるべきです。

質問3 日々の行動目標を設定しているか？

これから、企業人が生きていくうえで「自主レン」は不可欠です。そうしなければ、時代が前に進んだ分だけ、自分は置いていかれ、給料が下がっていきます。政治に文句を言っても、デモをやっても意味がありません。それが経済のルールなんです。

「自分も成長していかなければならない」

ただし、「言うは易し」です。多くの人は目標を立てて、それを実行することの大切さを「知って」います。しかし、知っているだけで実行していません。わかっていても、実行することは簡単ではないのです。

なぜか？

それは、**「こうなりたい」という目標しか作っていないからです**。「こうなりたい」

というのは、長期的な「状態目標」です。長期的な目標を作っても、毎日それに向かって前進できる人は多くありません。なりたい姿が大きければ大きいほど、目標がはるか遠くに見え、今日の努力が「とるに足らないもの」に見えてしまうからです。

たとえば、仮に「自分の会社までドミノを並べる」という目標を立てたとしましょう（現実にはそんな目標を立てる人はいませんが）。

初日は、意気揚々とドミノを並べ始めます。2日目も「今日もがんばるぞ」と張り切ります。3日目も「自分に負けるな！」と言い聞かせてがんばります。しかし、しばらくすると、「これって、いつ達成できるんだろう？」と思うようになります。そして同時に「今日はやらなくてもいいか」と思うようになります。それでやらなくなるのです。

どんな遠い目標でも、毎日確実に一歩ずつ進んでいけば、いつかは必ずたどり着きます。途中でやめてしまうから、過去に立てた目標は未達成に終わっているのですね。

ただ、ここで「継続は力なり」を肝に銘じろ！とお伝えしても意味がありません。

だれでも肝に銘じています。それが途中で消えてしまうことが問題なのです。人間はそれほど強い生き物ではありませんから、自分の意思を維持できるように、サポートしてくれる仕組みを用意する必要があります。

そのため、**短期的な行動目標を作るべきです**。これは、「こうなりたい」という状態目標ではなく、**「今日何をする、明日何をする」**という具体的な行動の目標です。

本来、行動自体を目標にしても意味がありません。目標は何かを達成するために立てるものであり、日々の行動はそのための手段でしかないからです。しかし、それを理解したうえで、その手段を「目標」にし、毎日「達成」しているかどうか、チェックします。

そうすれば、毎日行動ができ、結果として「毎日、なりたい姿に向かって前進している」という状況を作り出せるのです。

「1年の計は元旦にあり」という言葉もあり、長期の状態目標を立てる人は多いです。しかし、それを補佐する短期の行動目標を見落としがちです。目指すところに行くには、長期と短期、2つの目標を設定することが非常に重要なのです。

質問４
カネを稼ぐ「外向きの仕事」をしているか？

これから、労働者が生き残っていくためには、「使用価値」と「価値」を持っていなければなりません。

しかし、自分がこれらを持っているかどうかは、なかなか判断がつきません。というより、「自分は大丈夫だ」と思ってしまっている人が多いのではないでしょうか。

労働力の使用価値とは要するに、**会社に対して利益をもたらしたかどうか**、です。

「２－８の法則（パレートの法則）」という有名な表現があります。これは全体の２割の社員で、会社全体の利益の８割を稼いでいること（裏を返すと、残りの社員の８割は、２割分の利益しか稼いでいないこと）を示しています。

自分では利益を稼いでいるつもりでも、じつはほとんどの人が稼いでいないということです。

特に大企業では、この傾向が強いでしょう。これは必ずしも無能な人が多いということではありません。**大きな組織になればなるほど、「内向きの仕事」が増えるのです。**

大企業は、人数が多く、様々な部署に分かれています。一人一人が判断できる範囲が狭いので、ひとつのことを決めるにも、たくさんの人に意見を聞きながら、まとめなければなりません。

要するに、ひとつの仕事に関わる人が多くなるんです。多くの人の意見を取りまとめなければならないため、「定例会議」や「根回し」、「連絡書面作り」などの作業が増えていきます。これが「内向きの仕事」です。

「内向きの仕事」は、お客様には関係なく、社内で必要だからする仕事です。たとえば、「根回し」は、物事を決める前に、個別に重要人物を説得して、味方につけることですね。何とか賛成票をとりつけたり、会議の場では言えない「ぶっちゃけトーク」をして、理屈抜きでお願いしたり、情に訴えて自分の味方になってもらいます。

ですが、この根回しで一体いくらのお金を稼げたのでしょうか？

答えは「0円」です。

利益を生む活動ではありません。

同じように、グループ内での業務共有会議は、まったくお金を生まない内向きの仕事です。多くの会社では、毎週月曜日の午前中に、同じ部内、課内のメンバーが現在どんな仕事をしているかを共有する会議があります。

- 社内向けの連絡書面を書くこと
- 社内会議の資料をきれいにファイルすること
- 上司への報告書をきれいに清書すること

これらはすべて利益を稼がない行動です。もはや作業のレベルです。

このような行動も、会社の業務を円滑に進めるためには必要なのかもしれません。「ゼロ」にすることは難しいでしょう。でも、**会議自体からは利益を生み出していない**ということも、事実なのです。

大企業では、中小企業に比べて、社員数が多いので、会議の数が必然的に多くなります。また、連絡書類を作成したり、多くの関係者に「承認」をもらいに行かなければなりません。すると、社会に貢献して、利益を生み出す仕事ではなく、「内向きの仕事」に割かれる時間がどんどん増えていきます。これが「無駄な仕事が多い」ということです。

特に大企業に勤めている方は、このような利益を生まない内向きの仕事に多くの時間を割いていることでしょう。

労働者としての、あなたの使用価値は、内向きの仕事をうまくこなすことではありません。ただ、うまくできなかったり、失敗したりすると、怒られますし、「使えない奴！」と思われてしまうかもしれません。そのため、がんばって上手になそうとします。

しかし、いくらうまくこなしたからといって、あなたの労働者としての使用価値が上がるわけではありません。**「利益につながる仕事をしている労働者＝使用価値がある労働者」**なのです。

では、改めてここで質問です。**あなたは、今日、利益を生み出す仕事をどれだけやったでしょうか？**

自分が、利益につながる仕事をしているのか、それとも「内向きの仕事」をしているのか、一度確認してみると新たな発見があると思います。おそらく驚くほど内向きの仕事をしていることに気づくでしょう。

僕は独立したときに、自分が1日にどれくらい利益を生む活動をしているのか、エクセルに入力していました。記録をつけ始めた当初、自分が思ったほど「仕事」をしていないことに愕然としました。

仕事をしているつもりで、ネットサーフィンをしていたり、食後の休憩と称して、音楽を聴いていたり。意外にも遊んでいる時間が長かったのです。

かつて、痩せるための手法で「レコーディングダイエット」が流行りました。自分の体重や食事などを記録することで、明確に意識することができるのです。それと同じです。**「じつはあまり意味ある行動をしていない」と明確に意識することができれば、行動を改善することができます。**

自分の仕事を記録・棚卸することで、内向きの仕事ばかりに追われていないか、をまず確認することができます。

そして、**「今日は、外向きの仕事をどれだけやったか？」**を毎日自分に問いかけてください。

質問5
社内で目の前の仕事に集中しているか？

自分のいまの仕事に一生懸命取り組まない人は、いつまでたっても、自分を大きくすることはできません。たまに「将来のために勉強している」という人がいます。勉強自体はいいと思います。しかし中には、業務時間中に仕事をさぼってベストセラー本を読んだり、「将来、成功するために人脈を作っておく」と言って、ろくに仕事もせず「異業種交流会」に出かけて行ってしまったりする人がいます。

成功している人の本を読んだり、目指している場所にすでにたどり着いている人と会って話を聞いたりすると、うらやましく思うのと同時に、自分でも「できたつもり」になります。

でも、実際には何も変わりません。単に「オレは他の人とは違う」と自信過剰になっている嫌な奴になり下がるのです。これは一種の中毒状態だと言えます。うまくいかない現実から逃避するために、「秘訣」を読みあさり、自分はやがてそうなれると思い込むことで、気分よくなれるのです。

僕が社会人になって間もないころ、独立起業ブームがありました。また、当時「ダイレクトマーケティング」という言葉が一般的に普及し、**「この方法で商売をすれば、年収1億円なんて簡単！」「商品のキャッチコピーだけ変えれば売上が10倍になる」**というような噂が立ちました。

書店には、ダイレクトマーケティングに関する本や、情報商材を売って○億円稼いだ人の話があふれました。

普通に考えれば、ちょっとやり方を変えるだけでだれでも年収1億円になれる、というのは幻想でしかないのですが、それを信じてしまう人が大勢いたのです。

ブームの終焉とともに、みんな現実に戻ってきました。

しかし一方で、長らくそのような幻想にひたって生きている人もいます。そういう人はほぼ間違いなく、一生同じように、そのときに流行っているベストセラー本を読み、一生同じように「人脈人脈」と言うでしょう。

会社の業務をないがしろにする人は、一生なりたい自分になれません。
会社の中では、会社内の自分の仕事を、精一杯考えなければいけないのです。

質問6　社外で将来のことを考えているか？

ただし反対に、会社の仕事を終え、会社から離れたら、「目の前の仕事」から離れなければいけません。これは、「家に仕事を持ち帰るな」ということではありません。**職場の同僚や上司とのダラダラした付き合いをやめるべき、日々の仕事の悩みや職場の愚痴を会社の外にまで引きずってはいけない、ということです。**

ちょっと仕事が早く片づきそうだからといって、職場の同僚との飲み会を日課にしてはいけません。「飲みニケーション」といっても、関係性構築にはそれほど役に立っていないと思います。

職場の人間関係が良好であることは結構ですが、職場の人間関係に引っ張られて、そこにとどまっていることによいことなどひとつもありません。

飲みに行って、職場や上司の愚痴を言うのは、時間の使い方として最低です。愚痴を言いたい気持ちはわかります。しかし、会社を出た後にまで「目の前の仕事」に悪い形で時間を使うのは得策ではありません。

会社を出たら、「目の前の仕事」を忘れるべきです。その代わりに、**「将来のこと」を一生懸命考えます。**職場でよりよい成果を上げられるように自主レンをしたり、経営者の視点から幅広い視野で自分の業務を考えてみたり、もしくは、自分の将来のためになることを考えるべきです。

僕は、サイバーエージェントに勤務しているときから、**出社前の1時間と帰宅前の1時間を、勉強の時間にあてていました。**さらに、リクルート社に転職してからは、行き帰りの通勤電車でグリーン車に乗り、追加で2時間を自分のために確保しました。

勉強していたのは、経済全般について、企業経営について（リクルート社で、ベンチャー企業への投資業務を担当していたため）などです。

また、本の出版が決まってからは、この時間を書籍の執筆にあてました。『今まで一番やさしい経済の教科書』（ダイヤモンド社）の企画が通ってからは、この時間を使って毎日合計4時間、原稿の執筆を続けました。

この本は、デザインがよかったことと、時代の流れにマッチしたことが重なり、10万部を超えるヒットになりました。

本が出版されてから、この本が売れているのを知った職場の先輩から「木暮は楽して稼いでいいよな〜」と言われたことはいまでも覚えています。

そのときは冗談で「ね、いいでしょ!?」などと笑って答えました。しかし、朝と夜の1日4時間、1年間費やしたのです。自分自身では「楽して稼いだ」とは思っていません。

会社を出た後の時間で、どれだけ自主レンができ、どれだけ自分の将来のことを考えられるか、そこが分かれ道になるのです。

質問7 「ワーク」と「ライフ」をバランスさせていいのか？

僕は「ワークライフバランス」という言葉に、どうも違和感を抱いてしまいます。元々は、「仕事しかなかった人に、ライフも同時に考えようよ」と提唱した素晴らしい考え方、人間が人間らしく生きるために必要不可欠な考え方でした。

しかし、最近の使われ方を聞くと、「ワークとライフをバランスさせる」ということよりも、「仕事はそこそこでいいでしょ？」「いまのライフを楽しむことが大事で、ワークは〝生きていかれる程度〟でいいんだ」と言っているように聞こえるのです。

人生観は人それぞれですから、自分が心から望んでいることであれば、だれが何と言おうと、その生き方をすべきだと思います。ですが、**もし将来はこういうことをしたい、こうなりたいという思いがあるのだとしたら、それにたどり着く目途が立っていないうちから「ワークライフバランス」を考えるべきではない**、というのが僕の考えです。

人生にはタイムリミットがあります。人間には寿命があります。いつまでも生きてはいられません。「ゆっくりやろう」では間に合わないこともあるのです。

たとえば現実的に、「転職」を考えても同じことが言えます。

僕は29歳のときに、サイバーエージェントを辞め、転職しました。このとき、僕は学生時代から興味を持っていた金融業界にチャレンジしようと思いました。

しかし、一般的な金融機関は、30歳手前の未経験者が「チャレンジしたいです！」

と言っても採用してくれません。それどころか、履歴書も受け取ってもらえませんでした。金融機関に転身できるタイムリミットは終わっていたのです。

僕はサイバーエージェントで、子会社の出版社の事業責任者を任せていただいており、胸を張れる実績も残していました。でも、「30歳手前の未経験」なので、履歴書を受け取ってもらえないのです。

このときは本当に運よくリクルート社の投資部門（これも望んでいた「金融」です）に拾ってもらえたので、一般的な金融機関へのチャレンジを長く続けることはありませんでした。しかし、あのまま続けていても、状況は変わらなかったでしょう。人生にはタイムリミットがあり、そこを過ぎると「足きり」されるのです。

20代では受け入れられたことでも、30代になると容易には受け入れられないということがあります。40代になったら「ほぼムリ」ともなり得ます。

繰り返しになりますが、自分の生き方は自分で決めればいいのです。しかし、同じ期間遊び、同じ期間チャレンジするのであれば、「遊んでからチャレンジする」のではなく、**「チャレンジしてから遊ぶべき」**だというのが僕の考えです。

「遊び↓チャレンジ」の順では、チャレンジし始める前に、すでに何度かチャンスを失っています。スタートラインですでにハンデを背負ってしまっているのです。

そこからでも、逆転は不可能ではありません。遅かったとしても、「出遅れたから、何もやらない」では、それこそ意味がありません。ただし、そこから逆転するにはより大きなエネルギーが必要になります。

若ければ若いほど、〝チャレンジ〟が許されます。

何かにチャレンジするのに年齢は関係ないというカーネル・サンダースの名言もありますが、それは個人の意識の内での話です。

社会はそうは思ってくれません。

諦めずにやり遂げれば不可能なことはないと思う一方で、やり遂げるための難易度は、年齢を重ねるにつれて、確実に、しかも急激に上がっていくでしょう。

以前、経営コンサルタントの大前研一氏が「老後のためにいまから趣味を用意しておくべき」という話をされていました。定年退職して、実際に時間ができてから趣味を探し始めるのでは遅い、というのです。その年齢になったら、いろいろなことがおっくうになるし、趣味といえどもうまくできなかったときに**「若い奴らに、『教えてくれ』と言いづらくなる」**と言うのです。

この指摘は、本質を得ていると感じました。

ご自身に置き換えて考えてみてください。いまからヤマハ音楽教室に通って、幼稚園生や小学生と一緒にピアノ練習をできますか？　近所の少年野球チームにコーチではなく、選手として入れますか？　何歳でも大学に入学することはできるでしょう。でも、20歳前の新入生と一緒にサークル活動をできますか？

僕にはできません。やりたいことがあるのなら、早めから準備しておかなければいけないのです。

まだまだ〝チャレンジ〟が許される若い時期に「ワークとライフをバランスさせないとね」と悠長なことを言っていていいのか、と強く疑問に感じてしまうのです。

質問8
成功者はみんな若いとき、がむしゃらに走っていたことを知っているか？

「ワークライフバランス」を重視していて、将来望む場所に行かれた人がどれだけいるでしょうか？　僕はサイバーエージェント勤務時代に、起業家の半生を描いた本の出版に何冊も携わりました。出版に際しては、直接、起業家本人にインタビューを行い、現在に至るまでを話していただきました。

みなさん業界も違えば、年齢もバラバラです。しかし、共通しているのは、**「そこに至るまでにものすごい努力をしてきた」**ということです。何年にもわたって、長時間労働、睡眠不足で働き続け、精神的に極限状態まで追い込まれながらも続けてきた結果の「いま」だったのです。

世の中には、器用な人もいますので、そこそこ働いて結果を出し、いまも幸せそうに生きている人もいます。ですが、それはその人たちにもともと抜群の能力があるからです。「あの人ができている」からといって、自分ができるわけではありません。

おそらくはそういう人たちも、最初から「ワークライフバランス」ではなかったはずです。かつてはがむしゃらに働き、その結果の「いま」だと思うのです。

かといって生きている間、つねに走り続けるべきとは思っていません。尊敬する、ある経営者の方が**「ワークライフバランスは生涯で達成するべき」**とおっしゃっています。僕はこれに強く共感しています。

「1日1日でワークライフバランスをとろう」と考えている人が多いですが、もっと長期間でバランスさせることを考えるべき、というのがこの方のご意見でした。20代・30代はワークに費やし、40代以降はライフを重視する、そうすればトータルで「ワークライフバランス」はとれています。

まさにその通りだと思います。

若いうちは、すべてを犠牲にして働け！　と言いたいわけではありません。若くても家族ができれば、家族のために時間を使うことは大事なことです。また大前提として、自分の身体や心を壊してまで働くのは決してほめられた話ではありません。

お伝えしたいのは、**高い目標があるのであれば、簡単にはたどり着けないということ、たどり着くためにはワークを重視しなければいけないときもある**、ということです。

そして、そのまま一生「ワーク」にのみ生きるのでなく、あるときからライフに軸足を移してもいいのです。

初めからワークライフバランスを追求してしまうと、30歳で大きく後れをとります。40歳ではとり返しがつかない差が開いています。しかし、そのときには、あなたの体力は衰えています。社会が提供してくれる多くのチャンスは激減し、ほとんどのものはタイムリミットを迎えてしまっています。そこから挽回するのは並大抵の努力ではないのです。

だからこそ、がむしゃらに働く時期があっていいのではないかと思うのです。

ワークライフバランスは生涯で達成する。そういう意識でワークとライフに向き合うべきだと感じています。

質問9　自己アピールをしているか？

日本人は自己アピールが下手です。もっと言うと、自己アピールする人を「うざい」「自信過剰」などとネガティブにとらえる風潮があります。逆に「がんばっていれば、きっと見てくれている人はいる」と考えている人が多いようです。もしかしたら、自分がうまくアピールできないので、逃げているだけかもしれません。

ただ、「周りは見てくれている」「がんばれば、評価してくれる」は幻想です。他人はそこまであなたを見ていません。

出版社 幻冬舎の見城徹社長と、サイバーエージェントの藤田晋社長が『人は自分が期待するほど、自分を見ていてはくれないが、がっかりするほど見ていなくはない』（講談社）という本を出しています。このタイトルが、ズバリそのまま表しています。**「がっかりするほどではないが、人は自分が期待するほど自分を見ていてはくれない」**のです。アピールをしなければいけません。

僕はリクルート社に転職し、ベンチャーキャピタル業務（将来有望なベンチャー企業を「探し」、お金を投資する仕事）をしていました。非常にやりがいがあり、没頭できる仕事だったため、期待されている成果も出すことができました。そのため社内からは、高い評価をもらえていました。

しかしそのとき、外部からは「一目おかれる人材」ではありませんでした。

ある企業の経営者から、ぞんざいに扱われていることに気がつき、それを社内で冗談交じりに愚痴りました。すると、当時の上司から「木暮はアピールができてないんだよ」と厳しく諭されました。

ふだんはほとんど怒らない人だったので、厳しく言われたことに正直驚いたとともに、ここで「アピール」の重要性を痛感しました。

自分がそれをできるのであれば、「できる」とアピールしなければいけません。

自分にいいアイディアがあるのなら、それを発信しなければいけません。

自分が誇りを持てる結果を出せたなら、周囲への感謝とともに、自分も胸を張らなければいけません。

とはいえ、アピールしたら周囲からうとまれるのではないか、という不安が残ります。それでも「自分自身が納得できる結果」を出せたのなら、外に向かってアピールすべきです。

ここで、「自分自身が納得できる結果」がどのようなものなのか、アダム・スミスの指摘にならえば次のようになります。

・その結果を出すつもり（意図）があり
・その結果を出すために妥当な行動をし
・実際に、その結果が出たもの

この「意図」「行動」「結果」の3つがそろった場合、それは納得できる結果として、アピールすべきです。黙っていても周りが気づいてくれると思ってはいけません。アピールしなければいけないのです。

質問10「拡大再生産」を取り入れているか？

「単純再生産」と**「拡大再生産」**という言葉をご存じでしょうか？

ビジネスがうまくいけば、そこから利益を得られます。その利益をどうするかでビジネスの成長のスピードが変わります。

単純再生産とは、稼いだ利益を「やった！儲かった！」として、自分で使ってしまい、翌年も同じ規模で同じ生産を繰り返すことです。単純に再生産を繰り返すので、単純再生産です。

一方、稼いだ利益を自分で受け取らず、ビジネスに再投資すると、どうなるでしょうか？　**利益を使わずにビジネスに再投資すれば、元手がどんどん増えていきます。利益率が同じだとすると、元手が増えれば、稼げる利益もどんどん増えていきます。**

これが拡大再生産です。

ビジネスから上がった利益をすぐに引き出して、自分で使ってしまえば、ビジネスを大きくすることはできません。毎年一生懸命働いていると思いますが、元手が増えないので、なかなか「実り」も増えないのです。

ビジネスでは拡大再生産をすることが重要なのです。

金融投資も同じですね。

同じ利率でも、元本が変わらない「単利」よりも、得られた利子を翌年に再投資する「複利」のほうが資産が増えるスピードが圧倒的に早いです。

ここまでは、よく聞く話かもしれません。ただ、本当にお伝えしたいのはここからです。

この「拡大再生産」の考え方が、企業で働く労働者にとっても、非常に大事なのです。労働者と考えると、働いたら働いた分だけ報酬をもらいたいと感じます。それは自然なことで、悪いとは思いません。むしろ、正しく評価してもらうためにアピールをすべきです。

ただ、**その報酬を、いつ、何で受けとるかは、よく考えなければいけません。**

「報酬は、毎月、現金で受け取る」

多くの人がそう思うでしょう。さらに、「これだけがんばったし、会社にもこれだけ成果を出したのだから、これくらいもらって当然」、と感じているかもしれません。でも、それはあなたが働いて得た「実り」をすぐに換金して、引き出していることになります。つまり、単純再生産、単利と同じなのですね。それでは、いつまでたっても大きく稼ぐことはできません。

将来、**大きく稼ぎたいのであれば、仕事をして得た「実り」をすぐに引き出さず、次の仕事に再投資するという考え方を持つべきです。**

仕事で稼いだ「実り」を換金して、すぐに給料として引き出してしまうのはもったいない。せっかく稼いだのであれば、それを再投資すべきです。ビジネスや投資は、実りを再投資して、より大きなビジネス、より大きな投資をします。仕事も一緒です。仕事で実りを得たら、それを再投資してより大きな仕事をもらうべきなのです。換金は「あと」です。

どういうことか？　具体的に説明していきます。

この話は、個人の働き方にも通じています。個人も「拡大再生産」をすべきなのです。サイバーエージェントには**「仕事の報酬は仕事」**という格言というか、フレーズがありました。これは、自分が仕事で成果を出せたときに、対価として求めるべきものは「お金」ではなく、「さらに大きな仕事のチャンス」だということです。

またリクルートにも、**「自ら機会を創り出し、機会によって自らを変えよ」**という社訓があります。ここからも同種のメッセージを受け取ることができます。

「仕事の報酬は仕事」＝仕事の評価をお金で受け取らず、その代わりにチャンスをもらう。そして次のより大きな仕事への再投資とする。

これが個人の働き方で考えたときの「拡大再生産」です。そしてこれからの時代、労働者が生き残っていくためには、この「報酬を自分の仕事に再投資する」という考え方が必要なのです。

以前、こんなことがありました。

かつての同僚が、将来に不安を感じ、転職して新しいキャリアを歩もうとしていました。しかし、彼は求人案内を見ただけで転職を諦めてしまいます。このとき、彼はこう言いました。

「給料が安すぎてやめた。もっともらえないと、割に合わない」

彼は、いまの仕事だと将来が厳しいから、新しい道を探していたのです。そして、将来を見据えたときに希望が持てそうな業種だと言って転職を考えていました。しかし、目先の給料が安いからと言ってやめてしまったのです。

こういう考え方をしているうちは、将来大きく活躍することはできません。

最初は、**「次のチャンス」を得るために、報酬を投資しなければいけないのです。**

彼が言う通り、最初から高い給料をもらえたほうが好ましいかもしれません。そして、もしかしたらそのくらいもらうのが「正しい給料水準」なのかもしれません。

ですが、それでは「単純再生産」をしていることになります。自分の働きでもらった報酬をキャッシュに変えてしまい、また同じ地点から同じレベル（規模）の仕事をしなければいけません。

会社にとって「１００」の利益を生んでくれる人が、１００の報酬を要求したら、会社は断るでしょう。その人を雇う意味がないからです。

では、会社にとって「１００」の利益を生んでくれる人が、90の報酬を要求したら？会社は雇うでしょう。しかし、それほどその人を大事にはしません。その次の仕事を任せるかどうかもわかりません。会社にとっては「10」の利益しか残らないからです。

でも、会社にとって「１００」の利益を生んでくれる人が、50の報酬しか要求しなかったら？　そして、「報酬の代わりに、次のこのプロジェクトもやらせてください」

と言ってきたら？　会社はＯＫするのではないでしょうか。

そして、その「次のプロジェクト」も成功させ、会社に「２００」の利益をもたらしたら？　ここで初めて「１００」の報酬をもらえるかもしれません。

さらにここでも、「今回の報酬は90でいい、その代わりまた次のプロジェクトも任せてほしい」と申し出たらどうなるでしょうか？　会社にとっては、メリットが大きい人材なので、任せてみようと思うでしょう。少なくとも、人件費が安く済んでいるので、悪い話ではありません。

仕事の報酬を「次の仕事（次のチャンス）」で受け取るのが、労働を再投資するという考え方なのです。

単に安く仕事をすればいいわけではありません。何度も言いますが、お金は大事です。自分の報酬を高めていくことは本当に大事なことです。しかし、「いますぐ欲しい」「つねに妥当な金額をもらうべき」と考えていると、大きく発展しないのです。

投資と考えられる仕事の案件については、お金をもらえなくてもこなしていく、という考え方をぜひ取り入れてみてください。

企業人として考えるならば、たとえ「割に合わない」と感じても、将来につながる仕事であれば、どんどん引き受けていく、ということになります。

法律的には問題ありですが、世の中には残業代をまともに支払わない会社が数多くあります（というより、100％残業代を払っている企業なんて、ほとんどありません）。ということは、あなたも大変な仕事を引き受けると、タダ働きになる可能性が高いです。

法律的には残業代は支払われてしかるべきです。しかし、それればかり考えて、自分の労働の成果をつねに換金して、引き出していくと「拡大再生産」にはならず、いつまでたっても大きくはなれません。

特に若くて体力があるうちは、積極的に労働の再投資をしていくべきです。

学校を卒業して10年間、大卒の人であれば前半までは自分の報酬を換金せず、次の仕事に再投資で回していくほうが賢明です。そのほうが30年たって振り返ったときに実りが大きくなっています。

質問11「見通す力」を鍛えているか？

前に説明したように、業種によって給料は変わります。**その業種がこれから盛り上がっていきそうか、盛り下がっていきそうかが給料の金額に影響を与えます。**

だとしたら、それを見抜くことがこれからの時代に自分の給料を守るために必要不可欠です。つまり、業界の先行きを見通す力が求められるわけですね。

簡単に言うと、経済を知って、時代の流れを見るということです。

「経済」をないがしろにしていると、中長期的に労働者として苦しくなります。

経済を知ることには、営業やマーケティングと違って、即効性はありません。経済ニュースを知っているからといって、すぐに成績が上がるわけでも、お金を稼げるわけでもないのです。

マーケティングが撒き餌、営業が魚釣りだとします。マーケティングを知っている人は、どこに撒き餌をすれば魚たちが集まるかがわかっています。営業がうまい人は、そこにいる魚をどんどん釣り上げることができます。これらは即効性・換金性が高いスキルです。

一方、**経済とは、漁場全体の環境を知ることです。**潮の流れを読んだり、ライバル船の動きを察知したり、ときには気候の変化に気づき、別の漁場に移動したり。いくら撒き餌や釣りがうまくても、その判断はできません。なまじ、撒き餌と釣りがうまい人は、環境が変化し漁場が枯れかかっているのに「まだいける！」と考えて、判断が遅くなってしまうかもしれません。

「業界の先行きを見通すなんて、簡単にできることではない。それがわかれば、株式投資で億万長者になれる」

その通りです。ですが、ここで言う見通す力とは、特定の企業の利益推移や株価など、細かいことではありません。大まかな流れを推測することです。

それには、いくつかの視点で見なければいけません。役に立つのが**「PEST分析」**です。

PESTとは、**政治的**（P＝political)、**経済的**（E＝economic)、**社会的**（S＝

social)、**技術的**（T＝technological）の頭文字を意味しています。この4つの視点から環境をマクロ的、網羅的に見ていきましょう、というフレームワークで、もともとマーケティングに活用されている視点です。

世の中の流れを、この4つの視点に分解し、それぞれの視点から、その業種やその会社への影響具合を推測するわけです。

【政治的視点】

政治的な出来事が経済や産業に及ぼす影響を考えます。

・アメリカの大統領選で、オバマ氏が再選したことは、この業種にどんな影響を与えるだろうか？　再生エネルギーに注力していくとしたら、自然エネルギー関連の商品を扱っている業種は盛り上がる可能性がある。逆に、逆風になる業種はどこだろう？

・自民党が政権をとったことは、この業種にはどんな影響を持つだろうか？　公共事業を増やすとしたら、土木関連業種には追い風だろう。しかし、また以前の「自民党」に戻るとしたら、新興ビジネスへの規制もあるかもしれない。

【経済的視点】
世界で起きている経済的な出来事が、あなたが注目している産業にどのような影響を与えるか考えます。

・中国をはじめとして新興国の成長が鈍化してきたことは、どんな業種に、どんな影響を与えるか？　新興国市場に商品を売ってきた外需産業は、業績が低迷するかもしれない。逆に、これまで現地スタッフの人件費高騰に悩まされてきたアパレルメーカーなどには、いいニュースになり得る。

・ヨーロッパの景気が回復してきたら、どの業種に好影響がありそうか？　再びユーロ高・円安の傾向になれば、日本の輸出産業が盛り上がるだろう。また、新興国で加工してヨーロッパに輸出される商品も再び増えるので、新興国が生産地として重要になるかもしれない。

【社会文化的視点】

社会の変化、またはそれに伴う文化の変化は、特定の商品や産業にどのような影響を与えるかを考えます。

・健康志向は、どのような影響を持っているだろうか？　タバコに対して「逆風」が吹くだろう。健康食品には追い風になるだろう。またタバコを買わなくなったお金で消費者は何を買っているのだろうか？

・いまや小学生が携帯電話を持つことも「当たり前」になりつつある。これはどのような影響がありそうか？　携帯メーカー、携帯キャリアにはプラスの変化だろう。しかし反対に小学生の「娯楽」が雑誌から携帯ゲームに移っていくことも予想できる。雑誌やそれと連動するグッズ、ファッション、おもちゃには逆風だろう。

【技術的視点】

新しい技術が発明されたら、世の中の商品はどのように変わるかを考えます。

・ｉＰＳ細胞を活用した治療法が実用化されると、どんな影響があるだろうか？「毛根再生治療が２０１３年春から実用化というニュースもある。これにより、カツラ・植毛・育毛業界は、先行きがないかもしれない。反対に、美容整形外科などがその売り上げを獲得するだろう。

・スマートフォン上のアプリが進化すると、どんな影響があるだろうか？　ＬＩＮＥなどの無料通話、無料メールアプリで携帯キャリアの売り上げは減るだろう。また、メールアドレスも不要になったら、携帯キャリア間の移動はもっと激しくなるだろう。これから通話料の価格競争が激しくなるかもしれない。ドコモも安心してはいられないだろう。

ここに挙げたのはあくまでも「例」です。また、将来への見通しを考えるうえでは、より長期的な変化をＰＥＳＴの視点で判断しなければいけません。このように決まった視点（軸）を持って考えていくと、状況を整理しやすくなり、重要なポイントが浮き出しやすくなります。

望む結果を出すには、自分自身のやる気や努力だけではうまくいきません。世の中で起こっていることを的確にとらえ、先を見通すことができなければなりません。**「逆風」を避け、「追い風」にタイミングよく乗らなければなりません。**その「見通す力」が、自分の能力を最大限に発揮するために必要不可欠なのです。

質問12
自分が「積み上げてきたもの」に注目しているか？

「オレ／わたしの仕事は、つぶしがきかないから」

このフレーズを頻繁に耳にします。将来に不安があるけれど、どうしたらいいかわからない、という人が必ずと言っていいほど口にします。

僕は、大学（経済学部）で金融論を専攻していました。専攻と言っても、そこまで深く研究していたわけではないのですが、一応形上は「金融にくわしい」ということになっていました。

そのため、就職先は金融機関を考えていました。ただ、「細かい作業がかなり苦手」という、金融機関にとっては致命的な弱点をすぐに見破られたため、結局、富士フイルムに入社したのです。

当時、新卒募集の会社案内にも書いてありましたが、富士フイルムは、**「溺れるくらい仕事を与える。そして溺れそうになったら浮き輪を投げる」**という方針でした。やりがいを求める学生へのアピールだと思っていたら、本当にその通りでした。

意外に思われるかもしれませんが、富士フイルム、サイバーエージェント、リクルートの3社の中で、労働時間が一番長かったのは、富士フイルムでした。

与えられる業務量は膨大で、入社当初はそれらを漏らさず、滞らせず、ミスなくこなすことができず、本当に苦労しました。

ただ、さすがに2年以上繰り返していると、処理速度も上がり、ミスもなくなりました。自分で何かを作り上げることができるようになったわけでも、営業やプレゼンがうまくなったわけでもありませんが、膨大な仕事を漏れなく、滞りなく同時並行で進める力が身についていたのです。

この力が、転職したサイバーエージェント社で本当に役立ちました。

サイバーエージェント社には営業職で採用され、入社後半年間はインターネット広告の営業を担当していました。正直に申し上げて、営業マンとしては、それほどずば抜けた成績を上げていたわけではありません。しかしあるとき、新規事業で出版社（株式会社アメーバブックス）の立ち上げが検討されていたとき、「木暮、やってみる？」と声をかけていただきました。僕が選ばれた理由は、

・学生時代に出版っぽいことをやっていたこと
・様々な仕事を同時にこなす業務遂行能力が高いこと

でした。

それまで自分の「業務遂行能力」が高いことはわかりませんでした。自分で知らず知らずのうちに能力が上がっていき、知らない間に周りよりもうまくできるようになっていたのです。

さらに言えば、自分で「仕事を漏れなく、滞りなく進めること」が大事だとは思っ

ていませんでした。営業力や企画書を作るセンスは目に見えて大事な力だと思っていました。でも、業務遂行能力は、地味ですし、うまくできているときほど目立たない（失敗すると目立つ）種類のものなので、自分では「役に立つ能力」とは思っていませんでした。

しかし、その何も役に立たないと思っていた要素に注目していただき、入社後半年で子会社の事業責任者に登用してもらえたわけです。

ここで言いたいのは、**「自分には何もない」と思っていても必ず何か持っている、**ということです。

そして、自分で気づかなくても、**それが役に立つ現場がある、**ということです。つぶしがきかない、他の業界では何の役にも立たないと思っているのは、もしかしたら自分だけかもしれません。というより、「気づいていないのは自分だけ」だと思います。

僕は運よく周囲にそれを見つけてもらえました。非常に恵まれていたと思います。通常は、「それほど自分を見てくれてはいない」のですから。だとすれば、**自分が持っ**

ているもの、自分がこれまで身につけてきたものを発掘するのは自分しかいません。
自分で見つけるしかないのです。

質問13 自分の枠にとらわれていないか？

いまの仕事では不安、かと言って、何をしたらいいのかわからない。そういう悩みを抱えている人は多いものです。もし、自分には何ができるのか、どの道に進めばいいのかを迷ったら、**「ハリネズミの概念」**に当てはめて考えてみてください。

これは有名な『ビジョナリーカンパニー』（日経ＢＰ社）という本に書かれている生き残り戦略です。

賢く、何でも器用にこなすキツネは、「短い足でちょこちょこ歩き、餌を探し、巣を守るだけの単純な生活を送っているハリネズミ」を仕留めようとするが、いつも失敗してしまう。「キツネはたくさんのことを知っているが、ハリネズミはたったひとつ、肝心要の点を知っている」から、勝つのはいつもハリネズミなのです。ここに、現代のビジネスパーソンの生き残り戦略があります。

ビジョナリーカンパニーでは、

1 情熱を持って取り組めることは何か
2 自分が世界一になれることは何か
3 経済的原動力になることは何か

これらの3つの質問の回答を円で表し、重なるものを考えます。そして、そこに集中することが「飛躍した企業」に共通する戦略だったといいます。

これを「個人が取り組むべきもの」に置き換えると、どうなるでしょうか？　この3つの円が重なったものを仕事として手掛けるべきなのです。

「情熱を持って取り組めること」は、**「好きなこと」**です。

「世界一になれること」は**「得意なこと」**です。「世界一」と言うとハードルが高すぎるので、「自分の商圏で一番」もしくは「お客様に、『自分が手がける商品がベストです』と胸を張って言える」という表現に言い換えます。

「経済的原動力になること」とは、**「人の役に立ってお金がもらえること」**です。

ハリネズミの概念

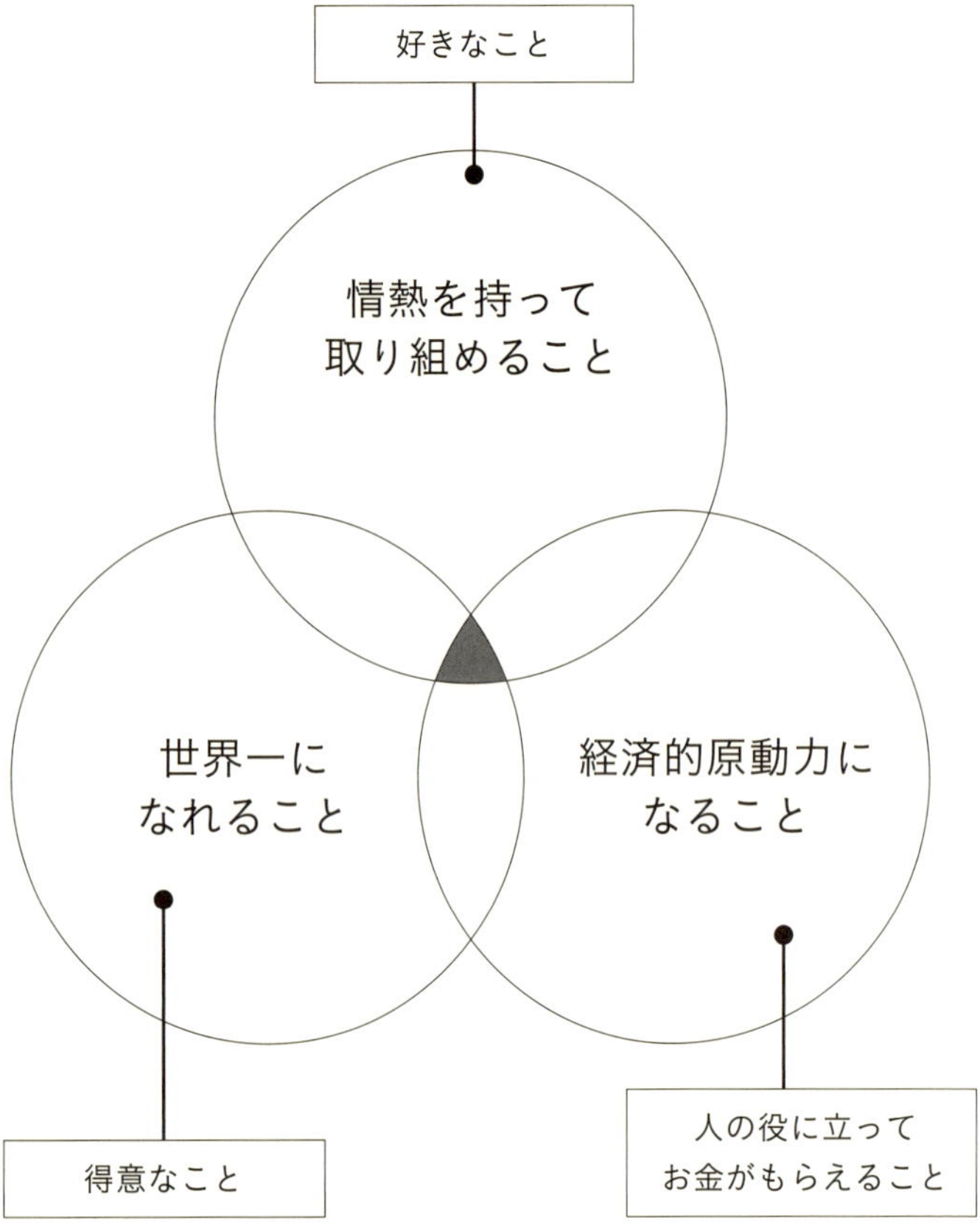

この３つの円が重なったものを仕事として手掛けるべき。

ただし、ここで注意しなければいけないことがあります。それは**「いまの自分の枠にとらわれないこと」**です。

「好きなこと」は、比較的簡単です。「好きな仕事」と考えてしまうと、思いつかないかもしれませんが、仕事でなくても、趣味でも、遊びでも、何でもいいから「好きなこと」を挙げてください、と言われたら簡単にリストアップできるでしょう。

問題は、次からです。

「世界一になれること」「それくらい得意なこと」をいますぐに挙げられる人は、ほとんどいないでしょう。ここで「やっぱり自分には何もない」とくじけてしまいます。さらに「人の役に立ってお金がもらえること」を考え始めると、お手上げです。給料以外に仕事として収入を得た経験がなければ、自分が他人からお金をもらって何かできるのか？　と感じてしまいます。そもそも、何をすればお金をもらえるかすらよくわからず、「自分にはムリ！」と感じてしまいます。

そう考えてしまうのも無理はありません。ですが、そう考えてしまうと、このハリネズミの概念はいつまでたっても実現不可能です。

ここで考えなければいけないのは、自分の枠内で考えないことです。いま現在の自分ができることは限られています。だからこそ、将来に不安を抱えているわけです。いまの自分を振り返ってこの3つの円を埋めようとしてはいけません。

現実的に考えるのではなく、理想像を描いてください。こういうことができたら、「商圏で一番」と言えるだろうな、こういう能力があったらお客様がお金を払ってくれるだろうな、というゴールを思い描きます。

そして、**その理想像と現実を見比べて、足りないところがあれば、それを埋める努力をします。「これから」するのです。**

まず、好きなことを起点にして**「ゴール」**から考えていきます。好きなことの定義がズレていると、あとでギャップを埋めるのが大変です。嫌いなことを一生懸命好きになろうとしなければなりません。そのため、「好きなこと」の範囲に収まるものの中で、残りの2つの円を満たす内容を考えます。

そのときには、「商圏の中で一番になれそうなもの」を探すのではなく、**「どうすれば、商圏の中で一番になれるか？」**を考えてください。自分の好きなテーマの中で、こういう能力があったら、「商圏で一番、日本一になれるか？」を定義するのです。同じように、「お客様からお金を払ってもらえそうな内容」を探すのではなく、どういう商品だったら、どういうサービスだったらお客様がお金を払ってくれるかを考えるのです。

多くの人は、「得意なもの」を起点に考えようとします。自分にはこれができる、これが得意だから、と考え始めてしまいます。しかし、お伝えしたように「好きなこと」はギャップを埋めることが難しいです。

「お金の管理とか細かい作業は得意だし、資格をとればクライアントからお金をもらえそうだな。じゃあ、公認会計士になろう」という順番に考えてしまうのです。たしかに、お金の管理と細かい作業が得意で、公認会計士になれば、それで仕事ができるでしょう。

しかし、それで「好きなこと」の円が埋まるとは限りません。もし「人よりはうまくできるけど、じつは大嫌い」という仕事内容だったら、ものすごくつらい仕事人生を選ぶことになります。

知識や技術を身につけることはできますが、嫌いなものを好きになることはなかなかできません。「好きなこと」の中からあとの2つの円に重なる内容を探していくべきなのです。

僕は独立を考えたときに、このハリネズミの概念で自分が勝負するフィールドを絞り込んでいきました。具体的にどう考えていったのか、紹介します。

僕が好きなことは、**「難しいことを、わかりやすく噛み砕き、伝えること」**です。これは中学2年生のときからずっと考えてきました。もう20年以上も考え続けていますので、そろそろ「ライフワーク」と呼んでもいいかもしれません。

そのため、ここを軸に考えました。

「難しいことを、わかりやすく伝える」と言っても、いろいろなジャンルがあります。最初に考えたのは、**予備校の講師**でした。予備校の講師は、受験生にわかりやすく授業をすることが仕事です。とても合っている仕事と感じました。

しかし、受験予備校は、すでに市場が成熟しており、各予備校で、各科目ごとに名物講師がいます。彼らは言わずと知れた受験指導のプロです。勉強をわかりやすく教えられるだけではなく、受験に受かるために必要なノウハウをため込んでいます。彼らと闘って一番になる自信はありませんでした。

そのため受験予備校講師の選択肢は消しました。

次に考えたのは、**資格試験の予備校講師**です。公務員試験対策をする予備校や簿記、公認会計士の資格を目指す人たち向けの専門学校です。

調べてみると、専門学校で講師をしているのは、試験に受かったばかりの元受験生が多いことがわかりました。試験に受かったばかりで、いろいろなことを覚えている時期で、なおかつ受かった資格を使った仕事もまだない時期なので、教壇に立っているということのようでした。大学受験の予備校とは違い、生涯講師業を続ける人は少ないのです。

ここでは、大学受験予備校と比べて、「一番」になれる可能性は高そうです（実際は、やってみないとわかりませんが）。少なくとも、本業にするつもりで取り組めば10年後にはある程度の地位を築けそうです。これで2番目の円も満たしています。

しかし、3つ目の円「人の役に立ってお金がもらえる」を満たしていませんでした。

資格試験予備校での仕事は、報酬がかなり低いのです。僕が実際にある専門学校に話を聞きに行ったときに言われたのが「1コマ90分で9000円」でした。時給で考えれば6000円ですから、高収入かもしれません。しかし、講師の仕事は授業だけでなく、そのための準備、授業後に生徒からの質問に対応することなど、多岐にわたります。

しかも、受け持てる授業は、多くて1日1コマ、現実的には週4コマ程度、とのことでした。もともと本業で講師業をする人を想定していないためか、これだけで生計を立てるには難しい水準でした。

そのため、この「資格試験予備校の講師」も外れました。

このように考えていった結果、残ったのが**「作家業」**でした。

いまでこそいくつかのジャンルの本を書かせていただいていますが、最初は大学で使う経済学の参考書や、経済ニュースを解説する本を書いていました。つまり、難しい内容を簡単に表現する本です。これは、僕が「好きなこと」です。

また、大学で使う参考書をイメージしていただくとわかりやすいですが、既存の本はどれも「超」がつくほど難しく、読みづらいものでした。この中で「一番」になることは可能だと感じたのです。

また３つ目の「人の役に立ってお金がもらえる」もクリアーしていました。通常、本を書くと、その本の定価の10％を印税としてもらえます。１５００円の本を書いて、それが1万部売れたら、１５００円×10％×1万部＝１５０万円の印税をもらえるのです。僕にとっては悪くない報酬でした。

このように考え、独立して生きていくためには、どのような本を、どのくらい書ければいいかを考えてみたのです。作家業としての収入を増やすには、２つの方法があります。

１　1冊の本を多く売る（書いた本がたくさん売れれば、それだけ印税が増えます）

２　多くの本を書く（たくさん本を書けば、それだけ印税が増えます）

そのため、1冊の本をたくさん売るには、どんな力や知識があればいいか？　を調べ、同時にできるだけ多くの本（原稿）を書く練習をしたのです。

そうして、いろいろなことがわかってきたときに「もう独立しても大丈夫。生きていかれる」と感じたため、会社を辞めました。

自分から見て、うらやましくなるようなビジネスライフを送っている人でも、最初からそれができていたわけではありません。自分に足りないものを見つけ、自主レンを重ねることで、望む場所までたどり着いたのです。

あなたが好きなことは何ですか？

それを自信を持って「自分はこれができます」とアピールできるようになるまでには、どんな自主レンをしなければいけませんか？

さらに、その活動で、お金をもらえるようになるには、自分にあとどんな能力が必要ですか？

その能力を身につけるのに、毎日、どんな練習をしますか？

黙っていて、給料が上がる世の中ではありません。

ましてや黙っていて、「〝好き〟を仕事に」できるはずがありません。

ハリネズミの概念をもとに、自分の道を見定めます。

そして日々の行動計画を明確に立て、その計画に基づいて自主レンを行います。

社内では目の前の仕事に集中し、社外では将来に目を向けます。

一生懸命がんばるべき時期には、一生懸命がんばり、自分で誇れる実績が出たら、憶することなく自己アピールすべきです。

ただ、仕事の成果をいつ換金化するかは慎重に考えるべきです。大きく飛躍したければ拡大再生産の思考を取り入れて、仕事の報酬を「次の仕事（チャンス）」でもらう、ということも選択肢に加えます。


自分がこれまで打ち込んできた仕事の成果は、必ず自分の中に何らかの「資産」として残っています。それは自分で見つけるしかありません。自分で見つけて、活用してください。

それこそが、これからの時代に安く使われないための、ビジネスパーソンとして活躍していくための、必須要素だと思うのです。

最後に伝えたいこと
給料よりも大切なもの

本書では、給料の構造、給料を下げないために、給料を上げるために何を考えていかなければいけないかをお伝えしてきました。労働者としてこれから生き残るため、サバイバルのための知恵です。

日本人はお金の話を避ける傾向があります。自分の給料がもっと高くていいはず、もっと高くして欲しいと、本気で交渉する人も少ないでしょう。

これまでは、それでもよかったかもしれません。一度正社員として入社すれば、よほどのことがない限り解雇されません。年次を追うごとに給料は上がっていき、「一億総中流」と言われながらも、「小さな幸せ」をつかんでいったでしょう。

でもこれからは違います。自分の給料を本気で考えて、それが減らないように、増えるように対応していかない人は、生き延びていくことが難しくなります。給料を考えることは、非常に重要なことなのです。

ただし、給料よりも大事なものがあります。

それは**「自己内利益」**です。これは僕が作った言葉で、企業の会計の考え方から、労働者の幸福度を考える概念です。

企業の会計では、

売上　－　費用　＝　利益

ですね。

通常「利益」が最も重要なポイントとしてとらえられています。まれに売上を重要な指標として考えることもありますが、基本的には「利益」です。どんなにたくさん商品を売っても、利益を稼げなければＮＧです。そして、利益が上がらないものは「やるべきではないビジネス」という判断をされます。

売上が１００億円でも、コストが１１０億円かかってしまったら、そのビジネスは赤字です。新しいビジネスを手掛けるときには、売上規模もさることながら、そのビジネスが黒字になるかが大きな判断ポイントになります。

これは企業経営を考えるうえでは当然の判断です。経営者でなくても、「黒字になるビジネスを手掛けるべき」「赤字になるビジネスは避けるべき」ということはほとんどの人が「当たり前」として理解しているでしょう。

ところが、労働者としての自分自身の「会計」になると、この「当たり前」だったことを気にとめている人がほとんどいません。

企業の売上は、その企業に入ってくるお金・収入を意味します。

そして費用は、その収入を稼ぐのに費やしたものを意味します。

この差し引きが利益ですね。

これを個人に置き換えると、こうです。

・個人会計の「売上」は、その個人に入ってくるお金・収入を意味します。つまり給料のことです。

・個人会計の「費用」は、その収入を得るのに費やしたものを意味します。あなたが、給料を稼ぐために費やすのは、時間や体力的・精神的エネルギーです。

そして、**この差額が「自己内利益」**なのです。

企業が利益に重きを置いてビジネスをしなければいけないのと同様、個人はこの「自己内利益」に重きを置いて仕事をしなければなりません。

仕事を選ぶとき、「売上（給料）」を気にするのは自然なことなので、高収入の仕事に就きたいと考えるのは悪いことではありません。

ですが、その「高収入」を得るのに、どれだけの「費用」がかかるか、考えていますか？

転職エージェントの人材募集広告には、「年収1000万円以上のハイクラス求人！」というような高収入をうたう訴求がされています。しかし、その募集案内の中に、**「この仕事がどれだけ大変で、毎日どれだけの体力的・精神的エネルギーを費やさなければいけないか」**は書いてありません。

年収○○万円が目標、と口にする人は多いですが、本来それはまったく意味がありません。「利益」を目標にしなければいけないからです。年収しか見ていないから、転職して年収が上がったのに、かえってしんどくなる、ということが起こってしまうのです。

仮に年収が1・2倍になっても、忙しさが2倍になっていたら、「利益」は減ってしまいます。いつまでたっても楽にならないと感じるのは、「自己内利益」が増えていないからです。

いくら収入が多くても、それ以上に「費用」が大きかったら、「自己内利益」は赤字になります。

企業は赤字のビジネスをやらない（やめる）と判断をしますね。それと同じで、**個人も「自己内利益」が赤字の仕事は「やらない」と判断すべきです。**「働いても働いても楽にならないのは、収入が少ないからだ」と考えていたかもしれませんが、そうではありません。**「赤字」の働き方だから、楽にならないのです。**

労働者にとって給料は大事です。しかしそれ以上に自己内利益が大事です。一人の人間として「自己内利益」を見つめ直した働き方、生き方をすべきではないでしょうか。

目標を定め、10年かけて自己内利益をプラスにする

労働時間が長い
給料が少ない
仕事が単純
将来の安定がない

いろいろな不満を抱えながら仕事をしている人が多いです。
では、質問です。
どんな環境だったらよいのでしょうか？
労働時間が長いという人は、では何時間であればいいのですか？
給料が少ないと嘆いている人は、いくらだったら「十分」と言えるのでしょうか？

仕事の内容について不満を持つ人も多いですね。仕事が単純、いまの職場ではクリ

エイティブな仕事が全然できないと不満を漏らす人もいます。

しかし、**自分自身にとって、その「クリエイティブな仕事」とは何か、わかっていますか？**

将来の安定がないと嘆くのは、まったく意味がありません。これからの時代、将来が安定している企業などありません。「安定」のトップだった公務員でさえ、年収が下がり、早期退職を募集している世の中です。これからリストラが進むことは間違いありません。「安定」などどこにもないのです。

このような状況の中で考えなければいけないことがあります。

それは、**「自分は、どんな働き方をしたいのか？」**です。

目的地を決めなければ、どこにもたどり着けません。経営でも、「目標」を定めなければ、何も実現できません。まず、自分がどこに向かいたいのかを明確に定義しなければいけないのです。

本来は、「給料を上げるためにはどうすればいいか」の前に、「そもそも、給料はたくさん欲しいのか？」という質問に答える必要があります。

自分はどこを目指しているのか？　どんな働き方をしたいのか？

これからの時代、労働者に一番必要な問いは、これかもしれません。

そして、この問いに答えることができたら、10年かけて、自己内利益を黒字にしていくことを考えます。お伝えしてきたように、いますぐ黒字化を目指して、報酬を換金してしまうと、将来大きく育ちません。

そこで、目標を決めたら10年かけて黒字にしていく、それまでじっくり育っていくことを考えます。「10年」というのは、「それくらいの長期間で」という意味です。実際には「9年」でも「11年」でも構いません。

短期間で手っ取り早く成し遂げようとしても無理です。10年間、腰を据えて取り組んでいかなければいけないのです。

自分が目指している働き方を明確にし、ハリネズミの概念でジャンルを絞ります。そして、「好きなこと」が「得意なこと」になるように、またその仕事で人の役に立ってお金がもらえるように、自分を高めていきます。

そうして、10年かけて自己内利益を黒字にしていきます。

10年かけて何かを成し遂げようとする人は少ないです。だからこそ、あなたは**「代わりがいない人材」**になれるのです。これこそが、労働者がこれから生きていくために本当に大切なことなのです。

ずっと「安月給」の人の思考法

発行日　2013年4月24日　第1版第1刷

著者　木暮太一

デザイン　TYPEFACE（渡邊民人、小林祐司）
本文図版　TYPEFACE（小林祐司）
編集協力　ロハス工房
校正　柳元順子

編集担当　黒川精一
営業担当　増尾友裕
営業　丸山敏生、熊切絵理、石井耕平、菊池えりか、伊藤玲奈、櫻井恵子、田邊曜子、吉村寿美子、大村かおり、高垣真美、高垣知子、柏原由美、大原桂子、寺内未来子、綱脇愛
プロモーション　山田美恵、谷菜穂子
編集　柿内尚文、小林英史、名越加奈枝、杉浦博道、舘瑞恵
編集総務　鵜飼美南子、髙山紗耶子
講演事業　齋藤和佳
マネジメント　坂下毅
発行人　高橋克佳

発行所　株式会社アスコム

〒105-0002
東京都港区愛宕1-1-11　虎ノ門八束ビル
編集部　TEL：03-5425-6627
営業部　TEL：03-5425-6626　FAX：03-5425-6770

印刷・製本　株式会社廣済堂

Printed in Japan ISBN 978-4-7762-0781-8